抵死惡搞
粗鄙市井
廣東話
資料館
廣東話潮語
U0931520
文雅
大方
通俗
風趣
唔止
1000
年
+2025年
最新
潮語
亮光文化
出版
修訂版

THE BEATLES

廣東話
潮語

潮語（ciu4 jyu5），又叫潮流用語，係平日生活中嘅流行用語（Popular Terms）或者流行術語（Trendy Terms），泛指民眾跟隨時代潮流使用嘅流行語，亦係一種非官方場合嘅使用用語。潮語，又會因為喺唔同地區、唔同群組、唔同文化等等背景，佢哋所流行用嘅潮語都會有差別；有啲會比較文雅大方，有啲又會比較通俗風趣，抵死惡搞，亦有啲又會較為粗鄙同市井，各式各樣都有。

PART ONE

❶

二〇二五
最新潮語

BFF 老不死 ‥●●‥‥●●‥

老畢史

lous batl siz

二〇二五
最新潮語

以下提及嘅，未必係二〇二五年先出現嘅潮語，而係提出一啲二〇二五年多人提到嘅潮語，同之後篇章提到嘅潮語一樣，好可能好快就畀再新啲嘅用語取代而不知不覺消失於網絡之中。

影到我啦 (jing2 dou2 ngo5 laa1)

又有講成：「哎呀，你影到我啦！」係用一個輕鬆、搞笑或者有啲抱怨嘅語氣，表達自己唔想喺某啲場合畀人影到，或者覺得自己喺相入面唔好睇，例如唔靚、表情怪、姿態唔好等，所以要求發佈者喺社交平台上刪除嗰張相或者影片。

源自網絡潮語「影到我plz del」。影到我，即係話「影到我嘅樣」或者「我被影咗入鏡」，係指喺一張相或者影片入面，自己嘅樣唔小心被拍攝到。plz del係英文please delete嘅縮寫，意思係「請刪除」。合起嚟嘅意思係：「我被拍咗入相或者影片裡頭，唔該刪除咗佢！」最初係用於諷刺人偷拍嘅行為，後來成為年輕網民之間嘅潮語，同時亦有自嘲嘅意思。

已經贏咗99%香港人

(ji5 ging1 jeng4 zo2 gau2 sap6 gau2 pek3 sen1 hoeng1 gong2 jan4)

屬於一個誇張嘅「流量密碼」，用嚟吸引注意或者表達某人喺某方面嘅表現突出，超越大多數人，99%只係一個誇張數字，無實際統計嘅。通常帶有自嘲、幽默或者炫耀意味，強調個人成就、經歷或者特質嘅獨特性。

根據網上資料，源自二〇二五年四月有一個十五歲香港學生，喺社交平台Threads發文分享佢第一次去日本大阪旅遊嘅喜悅，佢咁寫：「我十五歲人生第一次去日本，打敗99.9%香港中學生」，帖文引起網絡平台熱烈討論。之後呢類用語被網民廣泛模仿，演變成「已經贏咗99%香港人」嘅變體，成為吸引注意嘅慣用句式。

老畢史 (lou5 bat1 si2)

諧音「老不死」，係老Best嘅一個變異講法，通常用嚟形容一個非常好、親密或者可靠嘅朋友，帶有濃厚嘅親切感同埋本土特色。

老Best，係結合老友同Best Friend嘅說法，形容關係非常親密嘅朋友。呢個詞好多時出現喺香港年輕人嘅日常對話或者社交媒體，例如Instagram、WhatsApp等，特別係用嚟表達對好朋友嘅讚賞或者表示親近感。

即係咁講 (ze1 hai6 gam2 gong2)

又有寫成「姐係咁講」（JHGG），係社交平台上出現過嘅一個廣東話英文拼音jik hai gam gong嘅縮寫。

根據網絡資料，JHGG最早係二〇二〇年中期喺香港社交媒體上出現。到二〇二五年二月，香港藝人呂爵安喺Threads分享佢同細妹嘅對話，提到JHGG、MNYY、SLDPK等新一代嘅潮語，顯示呢種縮寫形式受到香港年輕人鍾意，認為佢簡潔而且可以快速傳達意思，符合網絡時代嘅即時溝通需求。

呢單嘢唔係我跟開 (ni1 daan1 je5 m4 hai6 ngo5 gan1 hoi1)

直譯係「呢件事唔係我平時會去做嘅」，係表達某人遇到一啲同佢平時習慣、風格或者行為唔一致嘅情況。呢句話帶有自嘲或者幽默嘅意味，通常用嚟表示某人被迫或者意外咁參與咗一啲唔屬於佢「常規路線」嘅事。

源自二〇一四年W創作社《小人國》創作嘅內容之一（非原創），係諷刺做中層嘅人真係好慘。上面高層會壓落嚟，而下面低層又會發脾氣發返上嚟，夾住喺中間嘅，真係痛都唔出得聲嘅！

多數喺香港年輕人之間流行，尤其喺社交媒體、討論區同日常對話之中好常見。成句口訣係：「呢單嘢唔係我跟開，你咁樣我好難做喫喎，我唔想畀人話我越權囉。」

我冇印象我有咁講過 (ngo5 mou5 jan3 zoeng6 ngo5 jau5 gam2 gong2 gwo3)

意思係指人否認自己曾經講過某啲話，或者表示自己完全唔記得有無講過類似嘅內容，帶有啲推卸責任或者澄清嘅語氣。通常用喺對話中當有人質疑或者提起某個話題時，有人想表達「我唔記得我有講過呢啲」或者「我應該無講過咁嘅嘢」。

源自二〇一四年W創作社《小人國》創作嘅內容之一（非原創），係諷刺做高層嘅人真係好衰，啯啲老世本字典裡頭從來就無「道理」呢兩隻字嘅！佢話係你錯就係你錯，你駁佢又死，唔駁佢又死！

多數喺香港年輕人之間流行，尤其喺社交媒體、討論區同日常對話之中好常見。成句口訣係：「今次我真係愛莫能助，我冇印象我有咁講過，你諗下你適唔適合呢份工？」

我真係唔覺得我錯囉 (ngo5 zan1 hai6 m4 gok3 dak1 ngo5 co3 lo1)

意思係話講者好有信心覺得自己無做錯，帶有少少倔強或者唔服氣嘅語氣。呢句話通常用喺爭論或者被人質疑時，表達一種「我覺得我啱，唔使改！」嘅態度。

源自二〇一四年W創作社《小人國》創作嘅內容之一（非原創），係諷刺做打工仔嘅人係時候要去學啲嘢啦，袋定一招半式傍吓身，可以保住職場平安。

多數喺香港年輕人之間流行，尤其喺社交媒體、討論區同日常對話之中好常見。成句口訣係：「我都係照你意思去做，上一手同事都係咁講，我真係唔覺得我錯囉！」

飄雅 (piu1 ngaa5)

係英文Pick-up Artist，縮寫PUA，指「撩妹」、「把妹」。原本意思係指一啲專注於學習同應用「搭訕」同「吸引」技巧嘅人，通常係男性針對女性，強調外在形象、語言表達同心理操控嘅技巧。現代演變成喺中文網絡文化入面嘅負面化唔道德行為，特別係指一啲通過操控、欺騙或者心理壓迫嘅方式，去誘導或者控制其他人（多數係女性）感情嘅行為。呢啲行為可能包括「洗腦」、製造焦慮、情感勒索等。

PUA概念最早源於一九七〇年代嘅一本書《How to Pick Up Girls》，但真正流行就係二千年代初嘅書《The Game: Penetrating the Secret Society of Pickup Artists》出版之後。呢本書詳細講述咗PUA社群嘅文化同技巧。喺二〇一〇年代，PUA概念傳入亞洲，起初喺一啲男性論壇同社群分享「戀愛技巧」，後來一啲不良PUA課程或者個人利用呢啲技巧進行情感操控，甚至詐騙，導致PUA喺網絡文化入面變成一個負面詞語。

飛克飛歌史 (fei1 hak1 fei1 kit1 si2)

喺網絡潮語或者流行文化中，Free Hug同Free Kiss嘅近音講法，意思係指喺街頭或者特定場合嘅一種公開表達友善、愛或者正能量嘅行為。

源於二〇二四年除夕夜喺觀塘海濱嘅一場瘋狂HKs活動，疑似出現唔少類似行為，有人主動提供免費嘅擁抱（Free Hug）或者親吻（Free Kiss）畀啲陌生人，以傳遞溫暖、包容或者快樂嘅情緒。之後，逐漸被用嚟形容年輕一代喺社交活動嘅交友方式。

釋麻 (sik1 maa4)

係英文Sigma嘅廣東話音譯，係形容一個唔受傳統社會規範約束，唔跟隨主流，獨立自主，唔需要其他人認同，但係又擁有好強嘅個人魅力或者能力嘅人。

源自於Alpha「強勢」、Beta「隨和」、Sigma「獨立」嘅人格分類，特別係喺網上文化同社交媒體好流行。簡單嚟講，Sigma喺潮語入面可以理解為一個「低調但型到爆」嘅人，唔需要誇張表現自己，但自然有種獨特嘅存在感。

里茲 (lei5 zi1)

係英文Rizz嘅廣東話音譯，意思係指一個人擁有好強嘅魅力或者吸引力，尤其係喺社交或者約會場合，係一個好強嘅「搭訕高手」。

源自英文俚語Charisma（魅力），特別喺社交媒體，例如TikTok、Threads中流行。主要係用嚟形容一個人吸引異性或者喺社交場合中展現嘅魅力、自信同講嘢技巧，特別係指喺浪漫或者調情情況裡頭嘅吸引力。

喺香港，Rizz喺年輕人中亦被用嚟輕鬆形容某人「有冇料到」，或者喺社交場合嘅吸引力，係一個帶幽默同讚賞意味嘅潮語。

阿帕泰 (aa3 paak3 taai3)

APT，係指韓國BLACKPINK成員Rosé同美國歌手Bruno Mars喺二〇二四年十月合作發行嘅單曲〈APT.〉，韓文：아파트，讀音：Apateu。

呢首歌嘅靈感係源自韓國傳統飲酒遊戲「Apartment」，歌名同副歌融入遊戲嘅節奏性口號，帶有流行朋克、復古搖滾同電子流行元素，旋律被形容為「得意而且會上癮」，喺YouTube上嘅播放次數已經超過十九億次。

其實APT遊戲（아파트게임）係韓國一種多人嘅飲酒遊戲，玩家通常係三個人以上，大家圍成一圈，一齊叫口號「아파트、아파트、아파

巴」，之後每個人需要隨機好似玩疊疊樂一樣，將雙手分別交疊喺其他人嘅上方或者下方。接著遊戲主持會同步叫出隨意數字，玩家就由最下方開始抽手向上推疊，同數出：「1、2、3……」好似起大屋一樣。當叫到目標數字時，最後放上手嘅玩家就要受罰飲酒。另外，雙手重疊時用力抽拍下方人嘅手，亦係另一種小小嘅玩人樂趣。

東風速遞 (dung1 fung1 cuk1 dai6)

意思係指透過大陸火箭軍嘅東風系列彈道導彈，以射程遠、精度高出名，進行「東風速遞、全球必達」嘅精準打擊，係一個幽默嘅稱呼口號。

源自中國軍事愛好者社群同網絡論壇，因為官方曾經多次展示東風導彈試射或者閱兵，因而有網民創意將嚴肅嘅軍事術語娛樂化。最早約喺二〇一五年至二〇一六年開始流行「東風快遞」呢個詞，後嚟再演變為「東風速遞」，強調更快、更精準嘅打擊能力。

案例：喺二〇二四年九月，中國試射超高速東風洲際彈道導彈，飛行距離約一萬二千公里，耗時約三十分鐘，準確落入南太平洋預定區域，引起全世界關注。

甲亢哥 (gaap3 kong3 go1)

主要係用嚟形容一個人好似患有「甲狀腺機能亢進症」(Hyperthyroidism)，俗稱「甲亢」。係指一個人行為表現得過分誇張、亢奮或者好似「癲咗」咁嘅狀態，通常帶有搞笑或者調侃嘅意味。

源於美國網紅IShowSpeed，原名Darren Jason Watkins Jr.，喺二〇二五年三月展開中國直播旅行，足跡遍及上海、北京、河南、四川、香港等地。佢嘅直播內容以真實、誇張嘅肢體動作同表情包聞名，例如喺成都飲蓋碗茶淥親、睇川劇畀噴火嚇親，吸引幾百萬觀眾。佢嘅表情誇張，舉動出位，好似患咗甲亢一樣，所以畀網民稱為「甲亢哥」。

甲亢姐 (gaap3 kong3 ze1)

泛指語氣誇張、情緒激昂嘅網絡人物，特別係用嚟描述某啲過於激動嘅評論者或者網紅。通常用嚟幽默形式嚟形容一啲誇張或者過分熱情嘅人，屬於帶有調侃性質嘅流行用語。

源自對印度網紅主持人Palki Sharma嘅暱稱，因為佢以尖銳、激動嘅語氣評論中國相關話題，視頻傳入內地之後，網民覺得佢講嘢嘅語氣誇張、情緒高漲，類似患咗「甲狀腺機能亢進症」（Hyperthyroidism），因為佢嘅「甲亢」經常出現過度興奮狀態，所以就叫佢做「甲亢姐」。

PART TWO

❷

現代
新潮語

人哋

jan4 dei6

現代新潮語

喺千禧後流行嘅新潮語，好多都係源自啲年青人自創同使用嘅俚語或者網語。不過大多數流行嘅時間都比較短，有啲潮語講得多就冇咗新鮮感，之後就會喺個圈子度慢慢被消失，而新嘅潮語創作又好快喺網絡上出現。佢哋花款多傳播快，容易被後生仔接受，雖然使用時間比較短，但係佢哋喺流行期間嘅使用範圍又比較廣泛，而所引起嘅社會效應亦比較大。

二零後年代（二〇二〇—二〇二四）

香港政治同公共衛生遇到一連串難題。新冠肺炎爆發令香港經濟錄得負增長；年輕一代對於新管治仍然保持負面情緒；西方推崇嘅自由經濟自我崩潰，已發達國家出現貿易保護主義。

兩餸飯 (loeng5 sung3 faan6)

意思係指一份飯添兩份餸，好似叫碟頭飯嘅雙拼咁，畀人揀兩味餸。其實又唔一定係兩餸嘅，可以係三餸（三拼）、四餸（四寶）、五餸（五味）等等都得。兩餸飯又畀唔係好識中文餸名嘅鬼佬，叫佢做This This Rice。

其實香港一直以來都有賣兩餸飯，例如茶餐廳、快餐店、食堂咁，亦唔止係香港先至有。不過香港喺防疫時期，食肆堂食受限制，有舖頭專門將兩餸飯化成平價外賣飯盒出賣，由於款式多價錢平，所以好受大眾歡迎。

綠卡 (luk6 kaat1)

又有寫成綠咭，呢度講嘅唔係美國綠卡，而係指香港長者用嘅八達通。另外，又指喺二〇二二年香港開始推出有名嘅「樂悠咭」；即係指已經「登陸」嘅阿伯同阿毛，就可以攞到呢張綠卡㗎喇！

樂悠咭（JoyYou Card），係專為六十歲或以上香港居民而設嘅全新租用版個人八達通。樂悠咭持有人可以每程兩緡嘅優惠票價，享用政府長者同合資格殘疾人士公共交通票價優惠計劃（二元優惠計劃）下嘅指定公共交通工具同服務。

流量密碼 (lau4 loeng6 mat6 maa5)

係指喺各大網絡平台上可以得到大量嘅Comment、Like、Share嘅方法同埋策略，呢啲策略可以令到嗰啲網紅（KOL）得到更加高嘅流量同曝光率嘅。

流量密碼（Talker-Awesome Hit Rate），源於美國網路創業家Russell Brunson二〇二二年出版嘅《流量密碼》裡頭，介紹可以喺任何平台憑流量策略致富營利嘅思維。

零尊/0尊 (ling4 zyun1)

意思係零尊重嘅縮寫，表示極為唔尊重人，用數目字0嚟形容佢對人唔尊重嘅程度，喺唔同嘅討論區度都經常出現嘅用詞。

根據網上資料指出，呢句嘢係源自YouTube頻道裡頭，有幾位YouTuber經常使用嘅口頭禪，之後被人傳到討論區平台而成為潮語。同類型嘅潮語重有：零張（零尊）、零興（零興趣）、張中（尊重）、張中和（尊重我）。

打你咩！(daa2 nei5 me1)

呢句嘢係用個「打」字代替原本嘅字嚟完成句粗口。源自Error成員Dee Gor嘅口頭禪。佢喺ViuTV電視節目入面想要表達出自己嘅憤怒，但係又唔可以喺電視上講粗口，於是就用咗個「打」字嚟代替個粗口字嘅發音，例如講：「打你咩！成日講粗口，無啲禮貌。」

跌嘢唔好搵 (dit3 je5 m4 hou2 wan2)

意思係跌咗嘢試吓唔好搵，因為你越急佢越會繼續消失，唔搵佢就可能會走番出嚟。

呢句嘢係出自YouTube頻道「試當真」成員MC $oHo & KidNey〈跌嘢唔好搵〉嘅歌詞，意思係指如果有嘢跌咗，只要唔去搵就會重新出現，唔使嬲同激氣嘅。

倒轉地球 (dou2 zyun3 dei6 kau4)

「來吧倒轉地球，全部摯友密謀；送走擔憂要唞唞信開心會長壽……」

源於陶大宇喺中國一次表演翻唱劉德華嘅歌〈倒轉地球〉片段，喺台上用佢獨特嘅唱腔同舞步又跳又唱。之後條片段喺網上再被瘋傳，成為中港兩地紅遍網絡嘅熱話焦點。

鼓勵性質說話 (gu2 lai6 sing3 zat1 syut3 waa6)

有網民用嚟指講過唔算數，係指有以此嚟做走數嘅藉口。

源於林大輝曾經喺頒獎禮同乒乓球代表黃鎮廷傾談，向對方講：「做好啲，奧運有機會，得到獎我包你做業主。」後來林大輝中學有兩位校友喺奧運得獎後冇成為業主，所以網民就以林大輝當年話包做業主係「鼓勵性質嘅說話」，比喻有人走數。

阿姨我不想努力了！(aa3 ji1 ngo5 bat1 soeng2 nou5 lik6 liu5)

呢句嘢起源喺內地傳出有「富婆徵求年輕男友」嘅消息，之後就有位男網民指自己甘願用肉體嚟換取唔使用努力做嘢，而又可以過住啲享受生活「求包養」嘅嘲諷說話。

不過又有傳話，最先喺網上貼出呢句嘢嘅係一位女生，佢係為咗一個好討厭嘅男同學而喺「徵友啟示」廣告發出嘅應徵。正所謂年少不知軟飯香，努力奮鬥要三十年！

邊爐家族 (bin1 lou4 gaa1 zuk6)

意思係指一個家族都鍾意去打邊爐，包括阿爺阿嫲、父母夫妻、兄弟姊妹、仔女孫息等。

事源喺二〇二〇年新冠疫情爆發期間，一個家族共十九人一齊去打邊爐，之後當中十一個人確診感染新冠病毒，邊爐家族就係指呢個家族。

幫緊你！幫緊你！（bong1 gan2 nei5, bong1 gan2 nei5）

當有人提出莫名其妙嘅要求，但你又未有可能即時解決到問題嘅時候，就會用「幫緊你」嚟敷衍對方嘅情緒。如果嗰個人唔耐煩嘅時候，再用「幫緊你幫緊你」嚟安撫同勸佢唔好咁勞氣。

呢句嘢源自二〇〇八年上映嘅香港電影《保持通話》裡頭嘅一句對白。不過又因為喺二〇二〇年發生嘅「的士司機遇上醉酒港女」事件，又成為當紅嘅潮語。

底褲口罩（dai2 fu3 hau2 zaau3）

意思係話個口罩睇落似條底褲；或者似用條底褲嚟改裝成口罩。

源於香港政府喺二〇二〇年新冠肺炎爆發期間，向全香港市民派發可以重用嘅口罩（CU Mask），因為口罩嘅印花同舊款孖煙通嘅印花一樣，所以被網民稱為底褲口罩或者內褲口罩（Underpants Mask）。

永遠懷疑哥哥 (wing5 jyun5 waai4 ji4 go4 go1)

呢句嘢係有人打錯字，將懷念打錯成懷疑。源於二〇二一年四月，喺哥哥（張國榮）逝世十八周年嘅時候，好多藝人都發文悼念，而其中有位TVB嘅女藝人喺Instagram出Post悼念哥哥時，就將「永遠懷念哥哥」打錯成「永遠懷疑哥哥」，咁呢句嘢就成為潮語。

知我咩料啦 (zi1 ngo5 me1 liu2 laa1)

意思係指依家你知道我有幾厲害，同有幾巴閉啦。

呢句嘢係源自Error成員193喺ViuTV電視節目上經常出現嘅口頭禪。之後被唔少人模仿使用，而變成香港嘅新潮語之一。其實「知我咩料啦！」喺阿爺嗰代（五〇至六〇年代）已經出現咗好耐，而當年阿爺聽到嗰句係「你宜家知我咩料啦！」不過喺當時，會講呢句嘢嘅人，大多數會同黑社會有關。

自肥 (zi6 fei4)

意思係指用唔多正當手段嚟謀取自己利益，中飽私囊。

源自ViuTV電視節目《ERROR自肥企画》裡頭嘅搞笑對白：「自肥可恥，但好有用！」令自肥呢個詞成功爆紅成為潮語。跟住又出咗句口號叫：「居心叵測，人人自肥。」

電車綠 (din6 ce1 luk6)

源於一九四〇年代開始，香港電車公司用戰後剩餘嘅深綠色油漆，為公司旗下嘅電車粉飾車身。時間耐咗，呢種深綠色就成為香港電車嘅歷史代表，亦係香港電車嘅標誌顏色。至二〇二一年香港電車公司同彩通色彩研究所合作，將呢種綠色命名為「香港電車綠」（HK Tram Green）。

廢老 (fai3 lou5)

意思係指老嘅一輩，係上一個時代嘅人，依家已經冇乜新嘅作為，或者新嘅作品出產，但係又佔據喺社會嘅高地位同得到重要資源，甚至佔據埋社會嘅上層權力。

呢個詞係喺「廢青」一詞流行之後出現，源於viuTV自製電視劇《男排女將》裡面出現，當時卅七歲嘅鄧麗欣喺戲入面嘅角色有一集出現自嘲「廢老」嘅對白。

見字飲水 (gin3 zi6 jam2 seoi2)

意思係提醒各位多飲水補充水分，保持身體健康。

呢句嘢源自二〇二〇年建立嘅Facebook群組「見字飲水協會」裡頭出現嘅潮語。原本係想用嚟做一個溫馨提示，提醒身邊嘅人見到呢個訊息就要多啲飲水。之後呢個提示又引申出好多唔同嘅「見字乜乜」同「見字物物」句語，好似見字食飯、見字打牌、見字溫習等等；例如：「子華哥，見字回水！」

行山銀行 (haang4 saan1 ngan4 hong4)

源於二〇二〇年新冠疫情爆發期間，香港企業為咗防止疫情喺社區擴散，容許員工喺屋企做嘢（Work from Home）。疫情期間有六名恆生銀行嘅管理培訓生（MT）被發現喺Work from Home時間一齊去咗行山，重將合照鋪上Instagram，所以網民就戲稱恆生銀行做「行山銀行」。

係咁先啦！ (hai6 gam2 sin1 laa1)

意思係到此為止；有離開、告別、同人講再見嘅含意。

呢句嘢源自二〇二〇年嘅YouTube頻道「試當真」成員MC $oHo & KidNey唱嘅〈係咁先啦！〉嘅歌詞。當同朋友告別，或者離開公司時，都會用特別嘅節奏唱出「走先喇、係咁先啦、下次再玩啦！」

人哋 (jan4 dei6)

又有寫人地，原意係指別人或其他人，喺廣東話裡頭又係後生女撒嬌時用嘅自稱。而新潮語嘅意思係指人哋男朋友、人哋女朋友、人哋老公或者人哋老婆。

源於網絡常見嘅交友App裡頭出現，喺個人資料頁寫上「人哋／人地」，即係表示呢個人已經有另一半。

爺青回 (je4 ceng1 wui4)

呢句嘢係「阿爺的青春回來了」嘅縮寫，係用嚟表達重遇昔日熟悉嘅人或開心事，通常係指知名人士嘅復出，或者經典電影、動漫嘅重播。

源於網路ACG用語，係用嚟表示當睇到以前流行過嘅嘢，會鈎起自己對以前嘅記憶，回想以往嘅情景再次出現、發生或流行時嘅興奮心情。

世一 (sai3 jat1)

呢句嘢係「世界第一」嘅縮寫，意思係「喺全世界之中，你係最好嘅」。

源自ViuTV電視節目《Error自肥企画》入面嘅對白，因為電視播出後受落而成為潮語。之後又陸續出現：世一嘅咖喱魚蛋、世一嘅吊掛花燈紀錄、世一嘅世一等等。

斷頭台 (tyun5 tau4 toi4)

意思係指香港電台宣佈暫時中斷頭條新聞，被人戲稱為「斷頭台」。

源於二〇二〇年五月十九日通訊局裁定《頭條新聞》有誣衊同侮辱內容，敦促香港電台要嚴格遵守《電視節目守則》，香港電台之後宣佈暫停《頭條新聞》製作，而最後一集會喺二〇二〇年六月十九日播出。

絕絕子 (zyut6 zyut6 zi2)

意思係表示「好極」嘅意思，同大陸嘅「絕了」一樣，係一句誇讚鍾意嘅說話，有啲可愛俏皮嘅意味。不過同時又可以用嚟形容「差極」意思嘅嘲諷說話。後嚟又衍生出喺網路上流行嘅「無語子」，係指無話可說嘅意思。

呢句嘢原先喺網絡嘅討論區出現，而喺中國嘅選秀節目《創造營2020》同《青春有你2》裡面，眾粉絲為咗誇讚自己鍾意嘅選手，就將佢個名串寫成「乜乜子」，後嚟喺《創造營2020》為第三季節目買咗一個微博熱搜叫「創3直拍絕絕子」，含義就係表示「乜乜乜絕了」。諸如此類嘅重有：美好子、寂寞子、離譜子，而個「子」字亦成為一個加強情緒語氣嘅後綴副詞。

七個十分 (cat1 go3 sap6 fan1)

呢個係指跳水比賽中全體七位裁判都打出十分，全滿分。

源於二〇二一年八月廣東跳水運動員全紅嬋喺東京奧運會女子十米台單人跳水決賽得金牌。其中第二跳同第四跳都得到七個十分，全滿分出現，而最後嘅第五跳都有六位裁判打出十分滿分。

前夫 (cin4 fu1)

意思係指再婚女人死咗或者離咗婚嘅丈夫；區別現任嘅丈夫（現夫）。

呢個詞係源自二〇二一年建立嘅Facebook群組「我老婆嫁咗比Mirror導致婚姻破裂關注組」裡頭出現嘅稱呼。因為香港男團組合Mirror太受歡迎，吸引唔少女鏡粉支持，而呢啲女鏡粉嘅男朋友或老公，即時變成嗰啲女鏡粉嘅「前度」或「前夫」。

好99 (hou2 gau2 gau2)

意思就同「好QQ」，即係好Cute Cute、好可愛、好得意。

呢個係源自Telegram上出現嘅用語，因為數目字「9」同某啲字型嘅英文字母「Q」睇落好似，所以就有人用「好99」嚟表示「好QQ」，例如話「阿賓隻狗，好99啊！」咁囉。

水花消失術 (seoi2 faa1 siu1 sat1 seot6)

呢個係指廣東跳水運動員全紅嬋喺跳水比賽中，因為入水時嘅水花非常之少，而被讚擁有「水花消失術」嘅絕技。

源於二〇二一年九月東京奧運跳水女子十米高台決賽裡面，廣東跳水運動員全紅嬋，被稱喺比賽場中上演「水花消失術」。

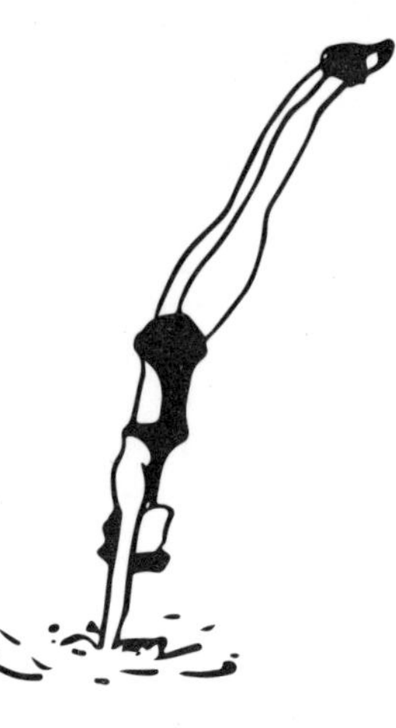

躺平 (tong2 ping4)

又叫躺平主義（Lyingflatism），意思係指年輕人對壓抑嘅工作文化感到失望，認為如果做事要堅持奮鬥，不如採取躺平嘅態度，咩都唔理。

源於二〇二一年開始喺網絡流行嘅新詞語，指喺年輕群體中出現嘅處事態度，意思係指與其跟隨社會期望堅持奮鬥，不如選擇躺平，無欲無求。呢個詞最早喺二〇一一年就出現喺百度貼吧嘅一個討論區。

脫單 (tyut3 daan1)

呢個係脫離單身嘅簡稱，即係話人擺脫單身、告別單身嘅意思，通常係用嚟祝福人成功搵到拍拖嘅對象！就好似話歡歡（熊貓）成功脫單，同圓仔（熊貓）一齊留喺法國過日子！

源於網絡上嘅新詞，喺社交平台出現大量脫單必讀嘅擺脫單身指南，不過單身者恨拍拖，就好容易陷入騙局。

白卡（baak6 kaat1）

又有寫成白咭，意思係指一啲古怪嘅人；或者指精神有問題嘅人。原本係指殘疾人士嘅登記證（Registration Card for People with Disabilities），特別係指精神殘疾。後來被網絡民眾用嚟嘲諷一啲行為古怪嘅人；例如話人係白卡佬，即係話人痴線佬。

前妻（cin4 cai1）

呢個詞係繼之前男團Mirror造成好多「前夫」出現之後嘅一個回應詞。

源自二〇二一年組成嘅香港女團組合Collar出現，就令好多身為情人或人夫嘅，因為之前男團組合Mirror成為「前夫」嘅男人迷上咗佢哋，而令「前妻」呢個新詞，以極速回報式嘅出現。

財自（coi4 zi6）

呢個詞係財富自由或者財務自由嘅縮寫，源自一個經濟自由嘅概念，係指一個人唔需要為生計而做嘢，又可以自由去揀點樣去過同用自己嘅時間同資源。

財富自由（Financial Independence），係金融投資同買保險嘅一個概念，指嘅係唔使為咗錢而去做嘢，錢完全夠用嘅狀態。只要資產產生嘅被動收入等於或超過日常開支，便稱之為財自退休。

點部署？（dim2 bou6 cyu5）

呢句嘢係表示懷疑嘅提問「下一步，應該點樣做？」或者「點樣解決？」例如講：

「呢個Project聽日就Deadline，我哋完全未開始做，點部署？」

感建分 (gam2 gin3 fan1)

BREAK UP LA YOU TWO

感建分

呢句嘢係「關於感情嘅問題，我一律建議分手」嘅簡寫。嚟自網絡討論區嘅用語，當有人喺討論區諮詢關於感情上嘅意見時，就會有啲（其實唔少）冇乜耐性嘅網民用「關於感情嘅問題，我一律建議分手」嚟回應，之後有人減筆就出現「感建分」嘅縮寫。

球玉 (kau4 juk6)

意思係指C朗（基斯坦奴朗拿度Cristiano Ronaldo）比稱為「球王」更厲害多一「點」；或者指C朗係足球界嘅玉皇大帝。

源自網上民眾對荷蘭球星C朗起嘅外號，諷刺佢經常靠插水博十二碼同埋經常靠射十二碼入波。球玉嘅「玉」字比球王嘅「王」字多咗一點，而十二碼又可以譯做「點球」，所以就用嚟暗示球王射點球（十二碼）嘅意思。同類型嘅重有用球仙稱呼阿根廷球星美斯。

動態清零 (dung6 taai3 cing1 ling4)

係指當有病例出現時，主動去搵傳染源頭，快速加強公共衛生同社會防疫措施，主動消除病毒同唔停清零。

源自政府二〇一九年對冠狀病毒嘅清零政策或者零感染政策，係一種應對傳染病嘅防疫政策。當發現一例確診病例時，即刻喺醫院收治嘅同時又進行流行病學調查、隔離等一切有接觸可能性人員、控制病毒嘅影響範圍，以減少傳播同確診人數。

忽然球迷 (fat1 jin4 kau4 mai4)

意思係指平日好少留意足球嘅人，又唔係好識得啲球星，又唔識得啲球例，例如唔知咩叫越位，不過一到世界盃嘅日子就忽然成為球迷，對足球有短暫嘅熱情。

源於網上討論區二〇一八年一篇舊文「忽然球迷，有咩問題？」，如果冇咗忽然球迷，喺邊度有得嚟咁多真球迷呀？

咩係越位？(me1 hai6 jyut6 wai2)

呢句嘢係用嚟諷刺啲平日甚少留意足球，但係一到世界盃就忽然成為球迷嘅人，佢哋好多都係對一啲簡單嘅比賽規則都唔識，就連咩嘢係越位都唔知道。其實喺一九九〇年代已經有TVB女藝員喺世界盃直播節目入面，現場問過節目主持「咩係越位？」而當時就由現場嘅足球評述向觀眾解釋一次。

師傅愛你！(si1 fu2 oi3 nei5)

呢句嘢原本係七羽仙嘅其中一句口頭禪，後嚟被引用嚟表示對人嘅支持同加油。

源自風水師藝人七師傅喺ViuTV電視節目《鬼同你上位》裡頭，佢同一位疑似鬼上身嘅嘉賓講「師傅愛你，師傅保護你」呢句說話。之後片段喺網上瘋傳，而所講嘅說話亦成為表示支持同加油嘅潮語。

小癲，大癲，巨癲！(siu2 din1, daai6 din1, geoi6 din1)

意思係指支持者三個級別嘅發癲（瘋狂）程度。之後引申形容其他誇張嘅意思。呢句嘢源於粉絲追星嘅誇張行為，追星行為被分成三個等級：小癲係表示有少少誇張；大癲就表示比較誇張；而巨癲就表示極度誇張。例如話：「呢個人竟然可以一條友食晒成枱餸！大癲！」

真空散步 (zan1 hung1 saan3 bou6)

又叫做No-bra散步，意思係指近期啲女仔鍾意唔著內衣，只係著住件淺薄嘅上衫去到唔同地方散步。

源於近年喺日本流行起嚟嘅年輕人文化，佢哋喺真空散步嘅同時又自拍行街短片鋪上網，吸引流量。之後喺香港同台灣等附近地區亦有人仿傚。所以話，潮流嘅嘢時時變，以前興月球漫步，近期興真空散步。

不想隱瞞了 (bat1 soeng2 jan2 mun4 liu5)

意思係指唔想掩蓋真相唔畀人知道。一方知道，另一方唔知，知道嘅一方採取積極行為將事實公開告知眾人嘅行為。而人為物化嘅稱呼，就叫「不想隱瞞鳥」。

源於香港藝人姜濤突然喺Instagram宣佈自己「已經有女朋友」，連發幾個限時動態，分別寫上「不想隱瞞了」、「沒錯，我有女朋友了」、「謝謝大家的祝福」等。呢個消息馬上喺網上流傳同發酵廣傳，其中「不想隱瞞了」重成為潮語。

飛特族 (fei1 dak6 zuk6)

呢個詞係英文Freeter嘅廣東話音譯，意思係指一啲失業或者只做臨時工、冇全職做嘢嘅自由職業人。基本上都係單身，又或者係依賴家庭過活嘅人。

源於日本社會學家橋本健二嘅《底層世代》一書介紹日本一啲飛特族嘅典型例子，佢哋通常年紀喺十五至卅四歲之間，中學或者大學畢業之後就冇踏入過社會嘅職業生涯，而係做啲高工時低薪水嘅工作維持生計。

袋鼠族 (doi6 syu2 zuk6)

意思係指韓國千禧一代到咗成年後一定年紀，本嚟就應該獨立同自力更生，但係佢哋重係生活喺父母庇蔭下嘅人。佢哋都係有大學學位，不過喺職場上搵唔到適合自己嘅工作而失業。另外又由於屋價貴嘅問題，呢啲千禧世代之中，好多都係同父母一齊住。呢個詞源自一九九八年法國新聞類週刊《快報》入面嘅一篇文章，係比喻大學生喺畢業後到咗就業年齡，但係以人工（薪水）少嘅理由仍然依賴父母嘅年輕人，根據當時法國一份報紙嘅社會問題報導，當地嘅青年人喺失業後，有八成嘅人都係依賴父母維持生活。

韭菜 (gau2 coi3)

除咗係指真正食得嘅一種石蒜科蔥屬嘅菜之外，又用嚟形容嗰啲喺股市裡頭被大股東收割嘅散戶。即係指生存喺底下層，任由剝削同宰割嘅人。

源於契約經濟學形容喺股市被大戶欺壓嘅散戶，由於呢啲韭菜有耐寒嘅特性，唔易枯死，每次被割斷後都可以再重新生番出嚟，就成為「割韭菜者」嘅糧食來源。

割韭菜 (got3 gau2 coi3)

呢個詞係比喻社會上擁有權勢嘅人，對底層民眾壓榨同剝削嘅行為。

源於契約經濟學比喻憑藉資訊落差（Information Gap）或者資訊唔對等（Information Asymmetry）而身處於優勢地位嘅人，剝削身處於劣勢地位嘅人。

紅不過羅湖 (hung4 bat1 gwo3 lo4 wu4)

意思係形容香港某個組合喺本地當紅人氣爆棚，但喺隔住條河嘅深圳（中國內地）就完全未有得到同樣程度嘅關注同高人氣。

源於網上民眾用「紅不過羅湖」嚟嘲諷一啲以自我為主嘅音樂唱作人，認為佢哋嘅熱度只限於喺香港，佢哋嘅作品好難衝出喺香港以外嘅地方發展，甚至就連隔條河嘅羅湖橋都走唔過。

從此，人人
紅得過羅湖

拍咗先，剪咗先，上咗先 (paak3 zo2 sin1, zin2 zo2 sin1, soeng5 zo2 sin1)

意思係指做嘢唔好太過於計較後果，可以先係做咗件事，有咩後果就到時先算。呢個亦可以反映出當時某部分人嘅心態。

源於香港一齣紀錄六位女學生十年嚟成長嘅紀錄片《給十九歲的我》要公開放映，其中兩位主角反對電影公開上映。而呢齣電影喺奪得香港電影金像獎之後，聯合導演郭偉倫發表得獎感受時講：「唔好驚拍紀錄片，唔好熄機，要繼續拍，拍咗先算，剪咗先算，上映咗先算。」

探監師 (taam3 gaam1 si1)

意思係指一啲經常去到監獄探訪，同支援啯啲在囚人士嘅有心人。

源於二〇二三年一單由「探監師」變成「坐監師」嘅案件，而成為關注點。有自稱探監師嘅人透過多次探望囚犯，乘機以高價出賣「探監包」斂財；又有探監師涉嫌串謀偽造傳訊令狀，另有坐監師教唆囚犯利用投訴機制，投訴懲教署職員、監獄安排、措施極差等等問題嚟挑動囚犯情緒。

何伯娶妻 (ho4 baak3 ceoi2 cai1)

意思係指一位年過七十嘅老人家（何伯）娶老婆。古代有《河伯娶妻》，係戰國時期一個民間故事；直至二〇二四年香港就出現咗《何伯娶妻》嘅現代版故事。

源於娛樂記者訪問咗七十六歲嘅何伯，佢喺喪偶之後同一位四十三歲嘅內地女人結婚，之後又同亡妻所生嘅五個仔女反晒面。而新何太又喺節目入面話自己對何伯係出於真心，不過食花生嘅網民普遍都認為……

I人E人 (aai1 jan4 ji1 jan4)

I人，係指內向型嘅人，佢哋會享受自己嘅空間，鍾意以自己嘅力量解決問題；E人，係指外向型嘅人，享受同其他人相處，又鍾意用對話方式嚟解決問題。

源於MBTI一項性格評量，全稱為邁爾斯-布里格斯類型指標，將人嘅性格分成十六種類型，而每個都用個英文字母嚟代表唔同嘅特質。例如：E外向型（Extraversion）、I內向型（Introversion）；S實感型（Sensing）、N直覺型（iNtuition）；T理性型（Thinking）、F感性型（Feeling）；J系統型（Judging）、P彈性型（Perceiving）。

沉船 (cam4 syun4)

以前係指對一啲唔應該愛嘅人產生咗真感情，部分重係單方面愛上人哋，鍾情嘅對象例如風月佳人、有夫之婦、花花公子、有婦之夫等。

源於千禧後嘅年輕人創作出咗個新意思，開始用呢個詞嚟形容「鍾意咗一個人」或者「對某個人迷戀」，例如Part Time情人、出租女朋友等。

打羽毛球 (daa2 jyu5 mou4 kau4)

意思係指如果有「愛情運動」嘅需要時，可以講去打羽毛球嚟暗示。

緣由係教育局二〇二四年推出嘅初中課程「公民、經濟與社會科」教材裡頭，其中一課教導學生如何控制性衝動，舉例話如果無法子控制，可以「立刻離開現場」或者「一齊到運動場打羽毛球」等方式嚟處理。就係咁，「打羽毛球」就成為咗潮語嘞！

你係咪嬲我呀？ (nei5 hai6 mai6 nau1 ngo5 aa3)

呢個句子係一個疑問句，意思就係好直接咁問對方：「你係咪嬲我呀？」

源於二〇二四年有人喺網上社交平台上傳一段二〇一一年「第五屆聯校小學辯論比賽」冠軍賽嘅影片，喺比賽入面油麻地天主教小學擔任正方，協恩中學附屬小學擔任反方。比賽中途反方一位女同學突然好委屈咁問正方：「你係咪嬲我呀？」而正方一位男同學馬上回應：「今日我嬲唔嬲你，同呢個辯論比賽有乜嘢關係呀？我哋不如做咗正經嘢先，而家係辯論比賽，唔好玩啦！」呢位男同學嘅即時回應贏得全場掌聲。呢段影片喺社交平台上廣泛流傳，而「你係咪嬲我呀？」亦成為咗潮語。

笑一個 (siu3 jat1 go3)

意思係指對自己同他人表示鼓勵，喺開心時要鼓勵；喺傷心時就更加要鼓勵。

源自社交平台Threads上，網民分享自己心情同互相鼓勵嘅方式。如果網民喺開心時就會喺貼文上加一句「笑一個」，向人分享高興同喜悅；而喺唔開心嘅時候，亦會加一句「笑一個」，用嚟安慰自己。

一零後年代（二〇一〇－二〇一九）

香港經濟走出金融海嘯有所增長，香港人同時面對社會各樣問題、年輕一代職業觀念轉變、社會持續通脹、樓價有升冇跌、政制黨派爭議令社會撕裂、中港紛爭歧視新移民等嚴峻嘅社會問題；另外又隨住公民意識被人日漸提高，亦促使唔少大型社會運動產生。

佛系 (fat6 hai6)

呢個詞係指專注於自己嘅興趣或者工作，唔願花時間同異性交往嘅人。源自於二〇一四年日本出版嘅一本女性雜誌《non-no》嘅介紹，意思指一切靠緣分嘅生活態度、唔主動去追逐名利同刻意打扮，又唔會特別去嘗試改變任何嘅現狀。

你的樣子如何，你的日子也必如何。

(nei5 dik1 joeng6 zi2 jyu4 ho4, nei5 dik1 jat6 zi2 jaa5 bit1 jyu4 ho4)

英文係Your face, your fate，意思係指外表同外貌決定一切。一個人嘅外表英俊端正，異性緣通常都唔錯，收入亦唔會差。相反，外表差啲嘅人，就注定冇乜異性緣，事業亦相對比較難成功。

源於網上民眾嘅用語，係改編自二〇〇七年由失明女孩龍懷騫嘅公益廣告裡面嘅結語「你的日子如何，你的力量也必如何」。

而其實呢句係出自《聖經》申命記卅三章廿五節：「你的門閂是銅的，鐵的。你的日子如何，你的力量也必如何。」呢個祝福係摩西指住亞設支派嘅人講嘅。

關公災難 (gwaan1 gung1 zoi1 naan6)

呢句係「公關災難」嘅錯寫，公關災難喺互聯網時代前已存在，隨住社交網站興起，商營機構同政府部門都設立官方專頁，公關災難嘅頻密度亦增加咗好多。源於二〇一五年下半年多個公關災難爆發，有網民將「公關」倒寫為「關公」，重笑稱呢段時間關公好忙、唞下都唔得。又有網民搵到一幅喺二〇一〇年網上流傳「酒樓招聘關公」嘅相，重話可能係「公關」變「關公」嘅源頭。

仙氣女神 (sin1 hei3 neoi5 san4)

意思係指擁有一種高貴氣質同神秘感嘅女性；亦係一個新興嘅網絡用語。源於高登討論區二〇一五年十二月出現嘅一篇討論帖文，內容轉載咗一個女學生同男同學嘅WhatsApp對話，個男同學用「仙氣」嚟形容女學生嘅獨特氣質。引起網上民眾同主流傳媒嘅抽水熱傳，重用咗「仙氣女神」嚟做稱呼嗱。

邊間教會 (bin1 gaau1 gaau3 wui2)

呢句嘢係用嚟諷刺一啲唔啱音嘅歌詞；又係用嚟恥笑對方填嘅詞完全唔啱音。

源於網絡潮流用語，因為早期華人教會嘅聖詩，著重翻譯原文嘅準確度同教義多過音樂性，所以用廣東話唱出嚟會好清楚有唔啱音嘅情況。呢種印象就被人當做填詞唔啱音嘅代表；雖然新一代嘅教會音樂已經改善好多，不過呢個講法仍然流行。

豆腐火腩飯 (dau6 fu6 fo2 naam5 faan6)

又叫Don't Vote for Lam Rice，因為讀音近似「豆腐火腩飯」又成為一個口號。網絡民眾認為曾俊華落區到屋邨食豆腐火腩飯，係想表現親民嘅一面，希望選委唔好投票畀林鄭，所以豆腐火腩飯就被叫做Don't Vote For Lam Rice。

源於高登討論區嘅一篇「火腩飯」潮文，由於將「男人的浪漫」描寫得好淋漓盡致，所以被視為經典潮文。之後又出咗句「男人的浪漫，豆腐火腩飯」嘅潮語。而喺潮文入面嘅開頭同埋結尾，又係出自黃子華一九九四年棟篤笑《末世財神》裡頭嘅對白。

放閃 (fong3 sim2)

呢個係放閃光彈嘅簡稱；意思係指人炫耀自己同伴侶嘅親密關係；係指情侶喺公開場合中展現親密嘅舉動，有人覺得羨慕，亦有人覺得肉麻。

源自BBS同網絡論壇衍生出嘅新名詞定義，又叫閃光彈或簡稱閃光。喺網友互聊時，如果有人炫耀自己喺愛情上令人羨慕嘅行為時，或者情侶相互公開表示親暱互動時，其他單身網友就用「閃光彈」呢個詞嚟回應，表示炫目至盲嘅炫耀表現。

閃光彈並唔限於炫耀愛情，買咗件價值不菲嘅物品後放圖片喺網絡上炫耀，都會被視為放閃光彈，呢種炫耀行為又稱為放閃。

懷疑人生 (waai4 ji4 jan4 sang1)

意思係指人因為遇到重大打擊或者認為事情發展唔符合常理，令人生觀產生好大嘅改變同懷疑。有隻歌係咁唱嘅「你說你感到萬分沮喪，甚至開始懷疑人生」……

源於陳淑樺一九八九年嘅一首國語流行歌曲〈夢醒時分〉入面嘅一句歌詞。因為喺討論區有人出帖評論，之後又成為一個潮語。

大西北 (daai6 sai1 bak1)

呢個詞係指香港新界西北部嘅屯門、天水圍、元朗一帶地方，距離九龍、香港島、離島等地比較遠。

平日生活主要喺香港島同九龍嘅香港人好少會入去屯門、天水圍、元朗一帶地方，所以想表示自己難得去呢啲地方，就用「大西北」嚟形容呢幾個地區離佢哋住嘅地方好遠好遠。

微博 (mei4 bok3)

呢個係微型部落格嘅簡稱。發一個帖嘅字數唔可以超過一百四十個，可以透過手機同網路更新內容。

源於新浪網二〇〇九年推出嘅一個微型網誌，或者叫微網誌嘅平台，係內地互聯網內容供應商（ICP）提供嘅微型網誌服務；類似美國嘅推特（Twitter，現改名為X）。

平行時空 (ping4 hang4 si4 hung1)

又叫平行宇宙或平行世界，係指另一個世界裡面，有另一個自己過住另一種生活，有另一個唔一樣嘅故事。

源於二〇〇三年《科學美國人》雜誌裡頭，有一篇由美國宇宙學家Max Erik Tegmark撰寫有關平行宇宙嘅專文。專文入面將平行宇宙分成幾類介紹同分析。

事業線 (si6 jip6 sin3)

喺睇相先生嘅掌相學裡面，係指一條代表個人事業運程嘅掌紋，男女都有嘅。不過後來引申女人嘅事業線係特別多人關注嘅「胸紋」，到千禧後網絡平台先至出現同開始普及呢個代表女性專用嘅事業線。

香港新一代嘅傳媒人員，大多數認同源頭係出於二〇〇九年嚫模熱潮之後，演變成女性乳溝嘅代稱；又或者係二〇一〇年二月由譚詠麟喺賀歲片《財神到》首映禮時稱波罅同乳溝為「事業線」之後被廣泛使用。

豬扒 (zyu1 paa2)

呢個詞係形容身材又肥樣貌又醜嘅女人，英文又被人叫Pork-chop。

根據網上傳聞嘅資料介紹，喺二〇一〇年美國CNN網站嘅新聞報導入面，將應屆香港小姐競選形容為豬扒盛會（Porkchop Pageant）。有網民跟住就表示，香港「豬扒」呢個詞經已走向國際化。其實，有好多豬扒，都以為自己係好靚女㗎。

高登神獸 (gou1 dang1 san4 sau3)

由阿塗（糊手然塗）二〇一一年喺香港高登討論區發佈嘅創作，內容係受大陸網路二〇〇九年嘅「十大神獸」啟發，基於一啲香港網路術語同事件，配合抵死描述嘅遊戲卡外觀而創作。

呢批高登神獸其中包括：小學雞、多卵魚、我真的憤怒鳥、返工好身虎、地劏霸蠷、悉尼老鼠、一蕉羞貍貔、金翅仆街鳥、蒜九掃把啦狸、縮縮北行鳥。

那些年 (naa5 se1 nin4)

這些年，係指過往近幾年嘅日子；那些年，係指已經過去好多年嘅日子。

源於台灣小說作家九把刀二〇一一年執導嘅電影《那些年，我們一起追的女孩》，喺香港上映之後，掀起咗一啲集體回憶熱潮。之後香港嘅網民創作同衍生出「那些年，我們一起乜的乜乜」系列嘅潮文。

小學雞 (siu2 hok6 gai1)

意思係指心智同言行都唔成熟嘅人。佢哋經常談論啲幼稚話題，講粗口同埋鍾意盲目批評人。後來又有人創出順序「小學雞，中學牛，大學馬騮頭」嘅潮句。原來成年人都可以係小學雞。

源於香港俚語，原意係小學生同冇學歷者嘅貶稱，依家係泛指一切行為同思想幼稚、心智未成熟、低層次、經常撩事鬥非同到處無端生事嘅人，同奀皮、百厭、頑皮嘅細孥仔同義。

撻著（taat1 zoek6）

呢個詞係形容好快就互生情意，即係有觸電嘅感覺。又比喻由於仰慕人而產生嘅感覺。源於二〇一一年十一月亞洲電視製作嘅節目《撻著》，係一個專為單身男女感情速配嘅真人騷節目，由陳啟泰、甄詠珊做主持。

至於你信不信，反正我信了
（zi3 jyu1 nei5 seon3 bat1 seon3, faan2 zing3 ngo5 seon3 liu5）

又叫「高鐵體」，係一句網路上嘅流行語，用嚟表示對事物嘅質疑同諷刺。源自二〇一一年溫州和諧號列車追撞事故發生後，網絡上就出現咗「至於你信不信，反正我信了」嘅金句。原句出自鐵道部新聞發言人王勇平回答記者嘅提問時其中嘅一句。而有網民又指出呢句嘢，喺二〇〇一年無綫電視劇集《尋秦記》裡頭，已有呢句對白「至於你信唔信，反正我信」出現。之後呢句嘢又被傳媒用嚟借指一啲「唔能夠公諸於眾嘅潛規則」。

神劇 (san4 kek6)

又叫做神級劇集，係指一啲被網民推崇嘅電視劇集。例如曾經喺無綫電視播出嘅《大時代》、《創世紀》、《天與地》等劇集。而叫得做神劇，通常喺劇情入面都會有好多金句或者新嘅潮句出現嘅。例如：「你啲仔呀，一隻二隻碌木嚟㗎！」、「公平咩？」、「點解人長大咗，就要咁多妥協同考慮？」

神劇（Oratorio）呢個詞源自十七世紀初嘅意大利，係敘事型多樂章聲樂作品嘅其中一種形式，早期係用歌劇表演嘅方式搭配有宗教性嘅文本或者對話，後來再演變成為純粹唱歌方式嘅歌劇。

僭建 (cim3 gin3)

意思係指違例建築工程，係未經建築事務監督事先批准同意，而進行嘅樓宇內部加建或改動工程，同埋樓宇嘅外部建築工程。

事源係香港傳媒喺二〇一二年，揭發幾位高官，以至行政長官選舉候選人，佢哋嘅私人住所被指有違規構築物。

離地 (lei4 dei6)

意思係指某類人嘅想法或行為荒謬、天馬行空、不切實際、脫離現實，又同社會脫節；尤其係讀書多又錢多嘅官二代或富二代；佢哋嘅思想同生活都脫離普羅大眾，不食人間煙火，又唔係好知民間疾苦，就好似雙腳離地喺太空裡頭一樣。

源於二〇一二年財政司發表年度財政預算案中，司長曾俊華自稱係中產人士，之後被香港本土派人士批評同曾俊華同樣生活態度嘅階層，係離地中產、離地階層。

雙非 (soeng1 fei1)

係指父同母雙方都唔係香港居民嘅情況下，內地孕婦藉住好多種途徑落到嚟香港範圍生仔，而引起香港網上民眾嘅爭議。

根據「零雙非」政策，所有公立醫院唔會接受非本地孕婦喺二〇一三年一月一日或以後嘅分娩預約，而私家醫院亦唔會接受內地「雙非」孕婦嘅分娩預約。

耷煲𡲢 (dap1 bou1 mei1)

又叫「兩個五月」，係英文Double May嘅廣東話音譯，又係國語「大波妹」嘅英文諧音，意思係指上圍豐滿嘅女生。只要係上圍表現凸出，都有機會叫做Double May。

源於網絡上一篇文章，比較多人認知流傳嘅版本係呢個：傳說有位台灣女生向心儀嘅男生示愛，嗰個男生就回應佢一句「Why Double May.」，即係「我愛大波妹」嘅諧音。

水客 (seoi2 haak3)

意思係指將世界各地搜集嘅商品，經由隨身行李攜帶通過海關，運入目標地區嘅職業旅客。而呢啲用多種形式運送嘅商品，就畀人叫水貨，雅稱叫平行進口貨（Parallel Import）。

香港最早出現嘅職業水客帶水貨返內地嘅情況，係喺上個世紀嘅七〇年代同之後，當時大陸開放羅湖關口，畀喺香港嘅居民返鄉下探親，因為鄉下物資缺乏就有人開始多程來回帶嘢返去，之後就開始有人帶貨返去賣。

燈神 (dang1 san4)

可能有幾個意思嘅，一係阿拉伯故事《一千零一夜》之中「阿拉丁與神燈」其中一個主角；一係日本漫畫《多啦A夢》嘅其中一件法寶「人人可以做燈神」；一係新興嘅香港廣東話俗語，又叫烏鴉嘴。

廣東話中嘅燈神，源於二〇一〇年代中開始流行嘅香港俗語，又稱烏鴉嘴，對一啲財經、體育、時事分析員嘅謔稱，係指佢哋所預測評論逢賭必輸，結果通常同預測都係相反，令信佢嘅人損失慘重。

雞，全部都係雞 (gai1, cyun4 bou6 dou1 hai6 gai1)

意思係指所有菜式都係以雞為主；又形容所有女性都係妓女。

呢句嘢源自二〇一六年高登討論區入面，有網民鋪出一首將Richard Clayderman演奏嘅〈Marriage D'amour〉（夢中的婚禮）配上廣東話歌詞，改編歌曲名叫〈雞，全部都係雞〉。首歌就只有「雞，全部都係雞」一句歌詞，非常之洗腦，點知就一夜爆紅。

有請小鳳姐

(jau5 ceng2 siu2 fung6 ze1)

意思係指有值得高興嘅事發生，要請小鳳姐唱〈喜氣洋洋〉慶祝。

香港歌手徐小鳳一九七九年推出歌曲〈喜氣洋洋〉，改編自日本歌手五輪真弓嘅〈恋愛ともだち〉，由鄭國江填詞，吳智強編曲；收錄喺《夜風中》專輯裡頭。呢首歌一直係為喜慶場合助興，不過喺近幾年前又畀人用嚟做「幸災樂禍」之用。

燒山

(siu1 saan1)

呢個係蕭生（蕭若元先生）嘅諧音稱呼法。

燒山呢個叫法，係源於蕭生喺佢嘅時事專欄頻道《最新蕭析：重大消息將要宣佈》裡頭，好幾次都係錯估形勢，畀網民叫佢做燈神（烏鴉嘴）。

廿二萬 (jaa6 ji6 maan6)

又叫行人廿二萬，呢個潮語嘅意思係指亂過馬路嘅行人。

源於二〇一七年澳門發生嘅一單無睇紅綠燈過馬路畀電單車撞倒嘅意外。澳門終審法院判咗個行人要承擔事故九成嘅責任，不過最後個行人可以得到近二十二萬澳門幣嘅賠償金。之後喺網上就有討論如果多人亂過馬路時，可以根據人數乘以「廿二萬」嚟表示，例如兩個人亂過馬路可以叫「四十四萬」，三個人亂過馬路叫「六十六萬」，四個人就叫「八十八萬」，五個人嘅話，咪有成「一百一十萬」囉！

壞過凱婷 (waai6 gwo3 hoi2 ting4)

呢句嘢意思係指責人行為好壞，或者係諷刺人喺其他人面前扮壞。

源自二〇一七年高登討論區裡頭嘅一篇舊文，內容係一個女初中生同另一個女學生「鬥壞」嘅對話，當時有人指對方唔夠資格做壞學生，原因係佢做唔到連續食兩支煙，於是就話自己同凱婷先至係全班最壞嘅學生。之後梗係又引起好多人關注下啦，有網民就用「壞過凱婷」嚟指責人品行壞，又或者係諷刺人扮壞咁無聊嘅潮語，例如可以講：「咦！聽你咁講，你真係壞過凱婷喎！」

打毒針 (daa2 duk6 zam1)

意思係指職場上望似天真無害嘅真小人，會喺你同身邊嘅同事上司之間講閒話做手腳，令你、同事、上司之間出現各種唔同嘅矛盾。

源自二〇一四年無綫電視嘅劇集《我們的天空》尾段對白「本是同根生，何必打毒針」，意思係喺人哋背後亂噏廿四、用虛假嘅事實指責人，意圖貶低其他人對某人嘅觀感。

係愛呀？定係責任？ (hai6 oi3 aa3, ding6 hai6 zaak3 jam6)

答案：「係窮呀！」係香港興起嘅一句潮語金句，呢句嘢講出咗因為窮而需要辛苦做嘢賺錢嘅無奈同埋唏噓。

源於二〇一八年六月熱帶風暴艾雲尼吹襲香港，天文台掛起三號風球，又發出黃色同紅色暴雨警告，有位地盤工友忽發奇想拍咗條短片，問另一位工友究竟為咩打風都咁辛苦做嘢：「係愛呀？定係責任？」呢位工友就好直接話：「係窮呀！＊你個＊！」

鏡粉 (geng3 fan2)

呢個係指香港跳唱組合男團Mirror嘅粉絲、支持者。

源於Mirror係二〇一八年ViuTV電視選秀節目《全民造星》其中嘅參賽者，喺比賽結束後由公司組成嘅一隊男子音樂組合，總共有十二位成員。眾所周知，最爆嘅鏡粉，係一班超有錢嘅女士、阿嬋或師奶。

人頭豬 (jan4 tau4 zyu1)

意思係指人似傻仔、低能仔；又指人頭豬腦，做事唔用腦諗嘅人。

源於大台無綫嘅電視劇《愛回家》裡頭角色大小姐，佢經常用「人頭豬」嚟形容佢嘅秘書，意思係指佢雖然有一個人頭，睇起嚟好似係人，但實際上係一隻豬，簡單講就係話佢好似豬咁蠢。

啤圖／P圖 (pi1 tou4)

網絡上多數係用P圖，意思係指用Photoshop嚟做圖片嘅後期加工。個英文字母「P」字係指修圖軟件Photoshop嘅開頭字母，而後嚟指使用任何修圖軟件做後期加工都會叫「P圖」。

七日不見如隔一周 (cat1 jat6 bat1 gin3 jyu4 gaak3 jat1 zau1)

呢句嘢係由「一日不見，如隔三秋」改良而成嘅，原句意思係講「只係一日冇見面，就好似隔咗三年冇見過一樣」，係比喻度日如年嘅心情。

經過網絡民眾改良嘅意思係「七日冇見過面，就好似一個禮拜冇見面一樣」，成為一句講咗等於無講嘅廢話。同類型嘅廢話重有：每過六十秒就過咗一分鐘、你阿媽係生你嘅女人。

掃地亞嬸 (sou3 dei6 aa3 sam2)

又叫Sodiasm，呢個係廣東話嘅英文音譯，又有人會講掃地亞嬋。

源於網上討論區二〇一九年一篇潮文笑話，內容係指英語會話考試中，英語考官問考生嘅阿媽係做咩職業，又提醒要用英文答。考生答：「She is a Sodiasm in QE Hospital.」考官聽唔明就話：「你用中文講多次。」考生答：「佢係伊利沙白醫院做掃地亞嬸。」

最後的童話 (zeoi3 hau6 dik1 tung4 waa2)

意思係指一個童話故事嘅破滅，暗示一段感情可能並唔係好似想像中咁美滿。

源於黃子華曾講過話許志安同鄭秀文係香港最後嘅童話，結果許志安因為出軌而令到童話破滅。自此之後，網民就用「最後的童話」嚟暗示一段可能唔美滿嘅感情。

自嗨 (zi6 haai1)

又寫成自High，意思係形容一個人自我陶醉，或者自我情緒高漲，但係喺旁邊嘅人就完全冇同感或者反應。

源於網絡上嘅流行用詞，就係指自娛自樂嘅意思；係形容自己一個人嗨，自己一個人玩都玩得好開心嘅一類人。

中二病 (zung1 ji6 beng6)

又稱「廚二病」，泛指一種自我認知心態，係指青春期少年自以為是嘅思想同價值觀，形容自我為中心嘅人。佢哋經常以為自己先係啱嘅，又比較急於表達自己，好想表現出自己與眾不同。中二病，又可以用嚟形容思想幼稚嘅人。

源自一九九九年一月日本搞笑藝人伊集院光主持嘅TBS電台節目《伊集院光深夜之笨蛋力》，節目入面介紹咗「中二病」同佢明確嘅症狀同特徵。當時只有伊集院光嘅聽眾之間有使用，後嚟逐漸喺網誌同BBS出現，之後再流傳成為網絡用語。

中玄毒 (zung3 jyun4 duk6)

意思係指啲女粉絲中咗韓國男神玄彬嘅毒，腦裡面好清晰嘅只有玄彬、玄彬、玄彬。

源於二〇一九年十二月播出嘅一齣韓劇《愛的迫降》大受歡迎，套劇係一個跨越韓國南北國界嘅愛情故事。男主角玄彬飾演一位朝鮮人民軍軍官，佢俘虜咗香港萬千女士嘅心，而呢個好似中咗毒一樣嘅現象就被稱為「中玄毒」喇。

廿一世紀（二〇〇〇—二〇九九）

踏入廿一世紀，世界局勢陷入迷霧同猜忌，貿易保護由已發達國家（七國集團．G7）掀起，令發展中嘅國家O嘴，香港亦難免受到影響。隨住互聯網發展同個人電腦、智能手機、社交平台嘅革新，產生出新嘅互聯社交模式；重有電子支付、網上購物、加密貨幣等等，都係未來未知嘅情況同挑戰。

零零後 (ling4 ling4 hau6)

又寫成〇〇後，意思係指喺二〇〇〇年一月一日至二〇〇九年十二月卅一日出生嘅人，有時亦泛指喺二十世紀九〇年代末期出生嘅人。嚴格意義上嚟講，二〇〇〇年係二十世紀同二千紀嘅最後一年。而喺流行文化之中，二〇〇〇年又被認為係廿一世紀同三千紀嘅第一年。

迷因 (mai4 jan1)

英文meme，意思係指通過模仿人與人之間傳播嘅思想、行為或風格，通常係為咗傳達迷因所代表嘅特定現象、主題或意義。源於一九四〇年代《紐約時報》填字遊戲中就出現嘅一個詞meme，之後喺一九七六年由理查道金斯嘅書《自私的基因》入面將呢個詞介紹成文化傳承嘅過程，類比成做生物學裡頭嘅演化繁殖規則，指有共同祖先、隨住環境改變進化、優勝劣汰等等思維。喺自網絡掘起之後就極速傳播同流行。

MK人 (em1 kei1 jan4)

MK係旺角（Mong Kok）嘅英文簡寫，意思係指喺旺角地區出入嘅部分年青人，但唔一定係住喺旺角嘅青少年。佢哋通常會畀人嗌做MK仔同MK妹。

呢個係香港喺二〇〇〇年後興起嘅地道用語，由於當時期旺角成為香港潮流物品嘅集中地，亦有好多針對年青人嘅娛樂場所，有人認為旺角係香港潮流特區，係MK文化嘅發源地。

火星文 (fo2 sing1 man4)

意思係指網絡上出現嘅一啲簡化句子意思嘅代用符號同字母，係一般人聽唔懂、睇唔明嘅語言同文字。例如：3Q (^_^) 886-·8===D **xyz [>_<] GG。

源於網上遊戲入面出現嘅特殊現象，遊戲玩家喺網上打機傾偈時，年輕網民通常為求方便或彰顯個性，會喺文字間摻雜一啲符號、中文字、日文字、韓文字、生僻字、同音字、音近字、拼音符號、表情符號，或者由文字拆分後嘅部分唔正規文字符號組合而成嘅文字符號，而喺唔了解火星文嘅人面前，就好類似一堆亂碼。不過，有好多年輕族群成為火星文嘅忠實網友，於是又成為一種網絡次文化而出現。

港女文 (gong2 neoi2 man4)

意思係指香港女性（港女）網民，喺互聯網輸入文字時嘅獨有文法，係火星文嘅其中一種，亦係語言密碼嘅一種形式。

港女文，係以中文、英文為主要語文，又加入諧音字、別字、表情符號等等，而語法就無一定規則，亦可以話係冇文法格式同埋冇咩邏輯好講，如果唔識得廣東話嘅話，就會睇到一頭霧水。例如：「要ㄑ冒險g人5巧來搵我lo！^_^」（要去冒險嘅人唔好嚟搵我囉！^_^）

顏文字 (ngaan4 man4 zi6)

又叫字符表情、表情符號、Emoticon，意思係指用仿傚面部表情嘅字符，嚟傳達自己嘅心境、情緒等嘅符號系統。

原本只係一種網絡文化，後嚟互聯網同手提電話嘅短訊普及，已經被社會廣泛接受。東方嘅表情符號例如：@^▽^@、(・ε・)、*￣) ￣*、*/ω／*、°▽°*、*^▽^*、‥;西方嘅表情符號例如：XD、:D、:-)、;-)等等。

地球人 (dei6 kau4 jan4)

原意係指住喺地球上有智慧生命嘅人；又用嚟比喻生活喺世間上嘅俗人、凡人。

源於一九四九年嘅科幻小說《紅色星球》使用呢個詞，除咗Earthling同Earthman，重有直接稱呼人類（human）。後嚟有唔少科幻電影同小說都傾向將「地球人」歸納為一個族群。

外星人 (ngoi6 sing1 jan4)

又叫宇宙人、異星人，係人類對地球以外嘅智慧生命或有生命似人物體、生物、生命體嘅統稱；又比喻對世俗事情或係身邊事物，都唔清楚嘅地球人。

據聞喺清代袁枚所著嘅《子不語》裡頭，就有外星人嘅有關描述；近代西方嘅麥田圈等現象都有外星人（ET）同UFO有關嘅講法。

沙士 (saa1 si2)

又叫嚴重急性呼吸系統綜合症疫情（SARS），係二〇〇二年爆發引起各界恐慌同擴散至全球嘅傳染病疫潮。呢次疫潮令全世界有七百幾人死咗，呢種病毒最後喺二〇〇三年九月畀人類完全消滅。

𠝹女／鎅女 (gaai3 neoi5)

意思係指男性去追求異性，以一夜情、短暫關係為目的去將心儀女人得到手。源於二〇〇三年四月上映嘅香港電影，其中就有一齣叫《失憶𠝹女王》（Why Me, Sweetie?!），係香港導演馬楚成執導嘅一部浪漫愛情喜劇片，由古天樂、應采兒、劉以達主演。

老鼠愛上貓 (lou5 syu2 oi3 soeng5 maau1)

解釋為要非常有勇氣同智慧去愛上比自己強大得多嘅敵人；唔同採用暴力壓迫手段得到愛嘅「老虎愛上貓」。

源於二〇〇三年一齣香港上映嘅古裝賀歲喜劇片，由陳嘉上執導，劉偉強監製，劉德華、張柏芝、黃秋生主演，取材嚟自清代石玉昆《三俠五義》嘅改編故事，講述原本係死對頭嘅白玉堂（錦毛鼠），愛上咗被皇帝封做御貓嘅南俠展昭。

負資產 (fu6 zi1 caan2)

意思係指一項被用喺抵押保證而攞到貸款、而喺市價比尚未還清嘅本金值重要低嘅資產。呢啲資產大多數係指物業或者土地，亦可係汽車或者大型電腦等等。

源於一九九八年到二〇〇三年之間，香港經濟衰退期間都出現嘅負價值資產嘅情況，令銀行或房協喺物業價值低過欠款之下，通通沒收呢啲按揭緊嘅物業資產。

西鐵 (sai1 tit3)

喺兩鐵合併前叫九廣西鐵，又叫西鐵線或者西部鐵路，係香港鐵路公司以前一條位於新界西北做起點嘅鐵路線。

二〇〇三年十二月通車，全長大約三十六公里，由紅磡灣（紅磡站）開始，經西九龍填海區、新界南，穿山入新界西北元朗同屯門，以屯門站嚟做總站。

震盪波病毒 (zan3 dong6 bo1 beng6 duk6)

又叫震盪波蠕蟲（Sasser），亦有人叫佢做殺手蠕蟲，係利用微軟（WindowsNT）裡頭核平台上嘅LSASS漏洞，隨機掃描其他網絡中電腦嘅IP埠，然後進行傳播。就算可以用防火牆阻止病毒傳播，不過安全專家建議喺系統上打MS04-011嚟修補程式。

源於二〇〇四年五月德國某地區一位十八歲少年Sven Jaschan因涉嫌編寫病毒蠕蟲程式而被捕，少年承認係自己編寫蠕蟲程式。二〇〇五年七月德國某市嘅法院認定少年製造震盪波蠕蟲，判處廿一個月嘅緩刑同三十個鐘嘅感化工作。

失意體前屈 (sat1 ji3 tai2 cin4 wat1)

又叫痾特氏（Orz），係互聯網上一個流行嘅表情符號○|￣|＿。原始用意帶有悔恨、頹喪、悲憤、垂頭喪氣、無力回天等含意

呢個符號起源於日本，二〇〇四年後流傳至香港、臺灣、大陸，風靡喺網絡民眾之間，被認為係網絡火星文嘅代表之一。Orz符號睇起嚟好似一個人跪喺地下，耷低個頭，成個似打敗仗垂頭喪氣個樣同動作，雖然簡單不過睇落又真係幾傳神。

馬鐵 (maa5 tit3)

喺兩鐵合併之前叫馬鞍山鐵路，又叫馬鞍山線、九廣馬鐵、馬鐵線等，係香港鐵路公司以前一條由新界大圍至馬鞍山嘅鐵路線，而家係屯馬線嘅一部分。

二〇〇四年十二月通車，全長十一公里半，由沙田大圍開始途經城門河東部嘅乙明邨、博康邨等等嘅公共屋邨、威爾斯親王醫院、沙田第一城、石門工業區，最後去到馬鞍山新市鎮，以烏溪沙嚟做終點站。

快閃 (faai3 sim2)

又叫快閃行動（Flash Mob Action），意思係指多人聚集喺一個地方做一個短時間嘅指定行動，例如拍手掌、叫口號、集體跳舞、演奏音樂等，完成後會快速離開現場。有人認為呢啲快閃行動，可以視為一種行為藝術。據聞快閃行動最早喺二〇〇三年美國紐約曼哈頓出現，當時有人召集咗五百幾人去到時代廣場嘅玩具反斗城裡面朝拜一條機械恐龍。佢哋聚集大約五分鐘之後，所有人突然快速離開。快閃就因為咁而出名，之後亦有好多唔同形式嘅快閃出現，後嚟又擴展至歐洲、亞洲等地方。

賣飛佛 (maai6 fei1 fat6)

呢句嘢係嚟自My Favorite嘅香港式英文音譯，意思係「我最鍾意嘅」。源自二〇〇五年電視上一個電器廣告，電視藝員吳卓羲為泰林電器拍攝電視廣告，佢用咗非常正嘅港式英語口音讀出「Tailin, My Favourite.」。

潛水 (cim4 seoi2)

意思係形容人為某啲事情要匿藏、潛逃、出走等嚟逃避責任。不過有啲人可能會為咗好細件事就會匿埋，例如要佢請食飯啫，咁都唔使潛水㗎！

噢嘴／O嘴 (o1 zeoi2)

意思係形容人無奈或者驚訝嘅表情，又有人寫成O咀或O咗，係指嘴部張開得呈O形，即係廣東話所謂嘅擘大個口得個窿。

挑機 (tiu1 gei1)

意思指有人喺打機時，被另一個玩家中途加入對戰，後來引申成向人挑戰。

挑機文化最先出現喺香港八〇年代至九〇年代嘅經典格鬥遊戲《街頭霸王》，當年嘅街機舖經常出現好多挑機嘅情況。如果你喺街機舖打機，總有人嚟挑機，又有人會屈機！

屈機 (wat1 gei1)

呢句嘢早期喺遊戲機中心出現，係指玩家喺遊戲對戰時，有挑戰者利用遊戲程式嘅漏洞，令自己去到某種條件之下，使用特別嘅操控手法，好唔正常咁贏咗對手玩家嘅情況。後來引申指任何使用制度上漏洞而令事件達成目的嘅手段，都被統稱為「屈機」。

一九八〇年代係遊戲機中心嘅頂峰時期，香港有牌照經營嘅遊戲機中心超過兩千間，到咗千禧年後已經跌到得幾百間。

花師奶 (faa1 si1 naai1)

意思係指關心家庭、持家有道嘅精明家庭主婦；又指有自己主見，唔合心水就一定會出聲；亦係令仔女有時無所適從嘅媽媽。

呢個稱呼源自二〇〇七年無綫電視播放嘅一套日本動畫《我們這一家》入面，花家一個手指公媽媽角色嘅稱呼。佢原名叫今治翠，最好嘅朋友係水島太太。廣東話配音嘅係雷碧娜，因為聲演呢個角色嘅關係，都被聲迷叫佢做花師奶嘅。

肥嘁/肥V (fei4 we1)

呢個係指英文名用V字開頭嘅肥仔同肥佬，肥妹同肥婆都可以用。「阿超講嗰個肥V，邊個嚟呀？Victor定係Vitoria？兩個都咁肥。」

源於Victor Ip喺二〇〇七年以香港高登網站負責人名義接受雜誌訪問，被認為係高登討論區管理員。及後Victor Ip多次以高登討論區負責人嘅身分回應傳媒問題，之後就有區友開始搵佢嚟惡搞。

打邊爐 (daa2 bin1 lou4)

意思原本係指幾個人圍埋煮食嘅一種方式。清代屈大均《廣東新語》：「冬至圍爐而食，日打邊爐。」另外又指有一班人，可以係認識嘅人，亦可以係各不相識嘅路人，喺街邊圍住垃圾桶食煙。

源於二〇〇七年一月一日起，所有食肆處所嘅室內地方、室內工作間、公眾場所嘅室內地方同部分由《吸煙（公眾衞生）條例》指定嘅戶外地方，都唔可以食煙，違例者將定額罰款港幣一千五百蚊。

懶人包 (laan5 jan4 baau1)

英文係Lazy Bag，意思係指將一啲複雜嘅嘢或資料完整咁合成一篇簡單嘅文章、概要、圖片等嘅訊息傳播方式。

起源喺網上論壇PTT出現，大概最遲都喺二〇〇七年左右。起初嘅目的係討論事件或議題時，幫助較遲接觸資訊嘅人可以快啲跟上進度同加入討論。後嚟發展到其他社群媒體都同樣咁做，重有人加入圖片、動畫等變得更加實用同有趣味，之間逐漸成為流行嘅資料載體。

麻甩 (maa4 lat1)

專門用嚟稱呼一啲比較粗魯嘅人，不過大多數嘅對象都係男人，例如麻甩佬、麻甩仔。而麻甩佬，又指喺行政院粗野嘅男性，又指行為猥瑣同好色嘅男人。

網上傳聞麻甩佬嘅來源係喺大清時期廣州，當時有好多講法國話嘅比利時傳教士，喺教堂裡面睇病醫人。當地嘅病人嚟求醫時，佢哋就被人叫malade，意思係病人。而當地人就以為malade係解做男人，所以就有麻甩佬呢個詞。

噴飯 (pan3 faan6)

意思係形容事情或者行為非常可笑，令人突然失控同失笑。即係喺食緊飯嘅時候突然失笑，將嘴裡面嘅飯都噴出嚟。

宋朝蘇軾《篔簹谷偃竹記》予詩云：漢川脩竹賤如蓬，斤斧何曾赦籜龍。料得清貧饞太守，渭濱千畝在胸中。與可是日與其妻遊谷中，燒筍晚食，發函得詩，失笑噴飯滿案。

清朝周亮工《書影》卷一：今人演「武三思素娥」雜劇，鄙俚荒唐，見之令人噴飯。

潛水怕屈機 (cim4 seoi2 paa3 wat1 gei1)

全句內容係「見鬼勿O嘴，潛水怕屈機」，係二〇〇八年香港中學會考中國語文試卷五「綜合能力考核」閱讀材料中一幅海報嘅其中一句標語。

呢句嘢係考評局想用潮流用語出題嚟考核學生。不過考評局誤將「屈機」解成「玩遊戲因無法取勝而屈服」，又自創咗一個潮句「見鬼勿O嘴，潛水怕屈機」嘅口號，可能係因為出自官方嘅創作，極之唔受當時年青人接受，又被網上群體追擊為胡亂解釋同胡亂堆砌潮流用語，遮日即刻成為各大中細媒體嘅抨擊對象。

冏樣 (gwing2 joeng2)

呢個係指一個好似好無奈，又唔知點算好嘅表情。

冏字，依家係網絡用詞中一個象形字，被歸納為火星文嘅一種。原本係一個中文古字，屬於現今嘅生僻字。古義解做：皓明、光明。呢個字喺以前一直都唔多人知，直至二〇〇八年因字嘅形狀好似一個好無奈嘅表情，先至畀人喺網上發揚光大，漸漸成為網絡大眾認識同流行嘅表情符號。

東漢許慎《說文》：「冏，窗牖麗廔闓明。」表示窗牖明亮。

南朝梁顧野王《玉篇》：「囧，大明也。」表示光明、明亮。

南朝宋江淹《文選・雜體詩・張廷尉》：「囧囧秋月明，憑軒詠堯老。」

屈氏鴨舌 (wat1 si6 aap2 sit3)

呢個係英文WhatsApp嘅廣東話音譯，全名叫WhatsApp Messenger，係美國Meta公司旗下一款智能電話嘅跨平台加密即時通訊應用程式。WhatsApp軟件可以透過互聯網進行語音通話同埋視像通話，又使用標準流動網絡電話號碼名同其他用戶傳送短訊、文件、PDF、圖片、影片、音樂、聯絡人資訊、用戶位置同埋錄音檔等。

人生有幾多個十年 (jan4 sang1 jau5 gei2 do1 go3 sap6 nin4)

意思係指人嘅一生之中，除咗學習、撞板、怠惰、玩樂、瞓覺，剩低嘅時間其實唔多，相比之下，呢十年時間唔係每個人都浪費得起；如果識得珍惜時光，喺人生嘅過程之中能夠用上一個十年已經好叻。出自二〇〇九年無綫電視劇集《巾幗梟雄》裡頭柴九（黎耀祥）所講嘅口頭禪。而劇入面嘅角色柴九，亦引起當時一個叫「柴九哥」嘅熱潮。

又要威又要戴頭盔 (jau6 jiu3 wai1 jau6 jiu3 daai3 tau4 kwai1)

意思係形容人既想要炫耀自己，但又怕惹人非議；又指曾經喺在香港某間電視台夜晚播出嘅一個電視清談節目名稱。

呢句嘢源自高登討論區會員降脂鍊金術師嘅一個帖，要求大家用「又要威，又要戴頭盔」嘅形式接龍。後嚟成龍喺卡巴斯基廣告出現戴頭盔一幕，就有網民對廣告批評為「又要威，又要戴頭盔」。二〇一六年四月由香港MakerVille製作嘅清談節目《又要威，又要戴頭盔》，逢禮拜四晚吹時段喺ViuTV播出。

呃蝦條 (aak1 haa1 tiu4)

係廣東話粗口嘅諧音，意思係指某人哄騙少女同佢一齊做愛情運動（發生關係）。呢句嘢主要係用嚟形容哄騙青春少女嘅行為。

源於網上討論區嘅潮文，其中一個喺二〇〇九年出現嘅帖叫「呃蝦條都好容易下」。

十大神獸 (sap6 daai6 san4 sau3)

呢個係網絡出現以粗口諧音命名嘅虛構動物，以其中十種現實並唔存在嘅動物神獸嚟做代表，稱為「十大神獸」。

源於大陸政府發起整治網際網路低俗之風專項行動，關停好多涉及低俗內容嘅網站，不過同時又包括埋一啲非不雅嘅網站一齊被勒令關閉，引發網民嘅不滿而喺二〇〇九年初嘅出現嘅一次惡搞創作。

呢十種神獸包括：草泥馬、法克魷、雅蠛蝶、菊花蠶、吟稻雁、吉跋貓、尾申鯨、鸛狸猿、達菲雞、潛烈蟹。

PART THREE

❸

現代流行語

要錯都係
社會嘅錯

jiu3 co3 dou1 hai6 se5 wui5 ge3 co3

現代流行語

現代嘅流行語，大多數都係反映出當時嘅社會狀況，同嚟自五湖四海唔同族群嘅文化交流，亦比較貼近生活嘅共同用語，例如放飛機、行路上廣州、鬥水喉、口水嗲嗲渧等。另有一啲係純粹搞笑將外來語配上廣東話音讀嘅用語，例如飛甩雞毛、今晚打老虎、合皮巴富地之類。可能係以前嘅社會步伐冇依家咁急速，所以有啲流行語喺普及大眾之後，都會流行一段比較長嘅時間，而且重會出現唔同嘅變化新詞彙同新嘅流行語。

九十年代

（一九九〇—一九九九）

香港社會發展改變，香港主權移交結束英國喺香港一百五十二年九個半月嘅殖民地歷史；亞洲金融風暴喺亞洲各地爆發，香港經濟亦受到影響從高峰跌落；因為殖民政府結束嘅情結而對主權移交後，因為外圍影響到香港經濟環境轉差，市民對社會現狀又出現有一定程度嘅不滿情緒。

你哋感覺到嗎 (nei5 dei6 gam2 gok3 dou2 maa3)

源於一九九〇年一月喺無綫電視播出嘅一套粵語配音電視動畫《聖鬥士星矢》，裡頭一句經常出現嘅對白。呢句說話最經典嘅就係當時，無論大街小巷都有幾會聽到，而且重係由細孥仔到六、七十歲嘅老人家口中講出。

機舖 (gei1 pou2)

又叫機竇、街機舖，正式名稱叫遊戲機中心（Amusement Arcade / Video Arcade），主要提供各式電子遊戲玩樂。一九八〇年代係機舖最興盛嘅時期，全香港有超過兩千間。

一九九三年香港政府通過《遊戲機中心條例》，遊戲機中心要受政府法例規管，經營遊戲機中心需要領牌，又分為只准許十六歲以上進入嘅成人場，同准許十六歲以下可以入去嘅兒童場。

貓奴 (maau1 nou4)

呢個係愛貓人士對自己嘅戲稱——貓嘅奴隸；可以為愛貓提供全天候服侍嘅五星級服務，又要清理貓砂，就好似奴隸一樣。所以被稱為貓奴。

源自一九九四年由美國電信公司（AT&T）製作嘅電視廣告，廣告描述一群牧人喺荒野上管理一群貓，以比喻喺處理數位技術同複雜系統時嘅挑戰。廣告主題係：「這就像牧放貓一樣難！」（It's as hard as herding cats!）呢個比喻當時引起好多人嘅共鳴同注意，亦成為表達「貓奴」嘅辛苦。

天地線 (tin1 dei6 sin3)

呢個係指香港嘅第二代無線電話（CT2），係一款室內無線電話嘅改良嘅戶外版本。

源於一九九〇年代初期風行一時嘅一種手提電話服務，由於傳輸距離比較短，所以要喺指定範圍先至可以打出電話，通常會配埋傳呼機一齊用。去到一九九〇年代中後期，因為蜂窩式流動通訊服務（GSM）嘅出現而被淘汰。當時同和記「天地線」同期出現嘅重有：其士「步步通」、訊聯「經緯站」、香港電訊CSL「點點通」等。

收皮 (sau1 pei4)

意思係嗌人哋收聲、收檔、閉嘴、躝開；又有攞人哋命、幫人收屍等含意。

據聞呢個詞原本係番攤檔嘅術語，「皮」就係番攤嘅切口。以前開番攤檔，就喺街邊放一張檯仔，檯上面鋪一張蓆，喺蓆上面畫一個十字，分成四門，畀賭客落注，然後喺蓆上放幾十粒攤子（銅錢、棋子、衫鈕），就可以開賭局做生意。當每局完咗派彩後，莊家會將放有攤子嘅蓆晃動一下，令攤子重新集中喺一齊準備開下一局，呢個舉動就叫「收皮」。

此恨綿綿無絕期 (ci2 han6 min4 min4 mou4 zyut6 kei4)

意思係指人嘅生死同遺憾，係永遠唔會有盡期嘅思憶同記念。

源於無綫電視一九九六年推出嘅一齣古裝著名神話電視劇《西遊記》（Journey to the West）裡頭，二師兄（黎耀祥）嘅一句口頭禪，成句係：「多情自古空餘恨，此恨綿綿無絕期。」前後句分別係兩首詩，「多情自古空餘恨」係出自清朝文人史清溪所作嘅佚名詩；而「此恨綿綿無絕期」就係出自唐代白居易嘅《長恨歌》。

千年蟲 (cin1 nin4 cung4)

又叫千年蟲問題（Y2K Bug Problem），意思係指到咗公元二〇〇〇年一月一日所有電腦都會出現唔正常嘅運作，可能會發生通訊失靈、金融大混亂，飛機導航失靈等等等嘅危機問題。

呢單嘢大約係一九九七年開始傳出，當時各國各地政府、大中小企業同個人都好緊張，又各自重金成立特別部門去應對呢次未知程度嘅大危機。跟住又有啲所謂嘅科技公司推銷一啲宣稱「可以預防電腦千年蟲病毒入侵嘅藥物」喺市面出賣，銷量亦都好可觀。而事實上所謂嘅「千年蟲藥物」，只係一啲有破壞力嘅電腦程式。

方丈 (fong1 zoeng6)

又叫住持，係指佛教寺院嘅管理者；又形容冇乜器量，心胸狹窄嘅人。

源於一九九六年十二月上映嘅一齣嘅香港喜劇電影《食神》（God of Cookery），由周星馳同李力持一齊執行導演。戲入面劉以達飾演一位行蹤飄忽不定嘅少林寺方丈夢遺大師。根據少林寺嘅和尚講，方丈份人好小器㗎！

變種千年蟲 (bin3 zung2 cin1 nin4 cung4)

又叫千年蟲變體（Y2K Bug Variant），經過傳媒廣泛報導千年蟲問題之後，又擾攘到一九九九年，喺民間同網上再傳出千年蟲已經變咗種，變成一種類似瘟疫、傳染病等嘅病毒，感染咗病毒嘅人有可能會死。跟住就傳出已經成功製造咗隻新嘅「千年蟲解藥」出嚟，宣稱可以有效殺死唔同品種嘅千年蟲咁話。

根據香港一啲中小型嘅電腦附件生產廠商畀嘅資料，其實喺一九九六年以後出產嘅電腦同運算嘅電子產品，都已經由兩位數字改用四位數字嘅年份運算操作，基本上已經解決咗跳入千禧年電腦運算嘅問題。但可能因為利益影響實在太大嘅關係，所以大眾都寧願相信同去欣賞呢齣「世紀大騙案」。

無厘頭 (mou4 lei4 tau4)

意思係形容人或事分唔清次序同頭尾，毫無邏輯。

媒體多數指呢個詞係源於一九九〇年代興起，以香港藝人周星馳、軟硬天師、林敏驄等嘅影響同帶動香港次文化嘅流行。不過亦有人指出喺一九七〇年代出版嘅綜合漫畫《壽星仔》，裡面連載甘小文嘅粗俗漫畫，就已經出現「無厘頭」嘅風格。

港漫 (gong2 maan6)

呢個詞係「香港漫畫」嘅簡稱，舊時叫連環圖畫或者公仔書。係喺一九九〇年代尾舉辦嘅香港漫畫節後先至流行。

香港漫畫嘅變革係源於一九六七年之後，受到外國漫畫同香港嘅電視推出好多日本動畫片嘅影響，令當時年青漫畫家例如黃玉郎、上官小寶、上官小強等人開始陸續畫咗好多新類型嘅漫畫創作，慢慢又發展出自己嘅風格模式嘅公仔書出版。喺一九七〇年代就出產好多充滿電影感，同分鏡頭式再配上用廣東話嘅旁述或對白嘅武打技藝同社會寫實嘅公仔書。

師奶殺手 (si1 naai1 saat3 sau2)

意思係指非常受家庭主婦歡迎嘅人，通常係形容男人。

事源喺一九九七年一次公開宣傳電視劇《刑事偵緝檔案三》嘅場合入面，身為主角嘅陶大宇畀一大班師奶級嘅女士影迷瘋狂咁圍住要求合影同埋簽名，遞日報紙娛樂版就作咗個「師奶殺手」嘅綽號嚟形容陶大宇嘅魅力。之後凡係成為嗰期最受歡迎嘅男藝人，就會被人叫師奶殺手呢個稱號，其中重有歐陽震華、陳豪、吳啟華等。

騎呢 (ke4 le4)

通常係帶有啲貶義嘅，有人用嚟指人性格古怪，有人用嚟指人舉止失禮，又有人會用嚟形容人打扮核突。總之係巖巖巉巉、凹凹凸凸、三尖八角嘅意思。

騎呢呢句嘢源於一九九〇年代尾開始喺香港流行，電台DJ成日講，啲演藝明星歌星又講，講講吓就流行咗。呢個詞喺唔同嘅報紙雜誌都有唔同嘅寫法，例如騎哩、騎離、奇離，就算同一間報館唔同部門，好似港聞版同娛樂版都可以有唔同，好唔統一又混亂。傳聞喺一九九八年香港有份報紙嘅編輯部，曾經出過一份內部通告畀各大部門，通告要所有版面以後統一寫騎呢。

玉女掌門人 (juk6 neoi5 zoeng2 mun4 jan4)

又叫清純女神，係指相貌青春、清純、脫俗、似玉一樣潔白無瑕嘅女藝人，通常人品高尚、德行高潔，佢哋好似玉一樣溫潤靚女，係一眾靚女中最突出嘅代表。

當年要做玉女，一定要係長頭髮、眼仔大大，唱功唔好唔緊要，但係五官精緻就係必要嘅。一九九〇年代嘅玉女掌門人有周慧敏同楊采妮，佢哋受歡迎程度就要睇當時嘅「Yes!Card」同埋旺角信和中心賣相嘅指數喇。

八十年代

（一九八〇—一九八九）

喺呢十年之間，係香港歷史上一個重要嘅關鍵時代，中英兩國為香港前途問題做出決定。一九八四年十二月十九日由中國國務院總理趙紫陽同英國首相戴卓爾夫人作為兩國嘅政府首腦，喺北京簽訂《中英聯合聲明》，香港主權將會喺一九九七年七月一日由英國移交至中國。

係咁先，唔係咩呀！(hai6 gam2 sin1, m4 hai6 me1 aa3)

意思有到此為止，下次再見，唔使講咁多嘅含意。

源於香港無綫電視（TVB）一九八〇年製作嘅長編電視劇《親情》裡面，車房仔木嘴暉（周潤發）喺戲入面經常講嘅口頭禪。而喺劇集播出之後冇耐，就通街都有人講：「係咁先，唔係咩呀！」又當成係佢哋自己嘅口頭禪。

仆街 (puk1 gaai1)

英文又叫PK，原意係指跌倒喺街上，或者指人死喺路邊無人替佢收屍。

呢個詞受關注係源自一九八二年九月，英國首相戴卓爾夫人訪華，喺北京同中國領導人鄧小平會面傾香港前途問題，不過當時雙方無達成共識。而戴卓爾夫人離開，行出人民大會堂時，就喺門外仆低咗喺大街。之後嘅主流媒體，例如電影、電視、電視劇、報章、雜誌、互聯網討論區、論壇等媒體，以至漫畫、塗鴉等次文化中都可以見到「仆街」嘅使用。

太空人 (taai3 hung1 jan4)

意思係指香港一九八〇年代初，因為「香港前途」問題出現嘅一種移民模式，例如係老婆同仔女先移居外地，老公就留低喺香港繼續做嘢賺錢。一九八〇年代係香港發展最興旺嘅時期，相反喺歐美地區當時嘅經濟環境就唔係好理想，所以當地政府亦好願意去吸收呢批有資源同資產嘅「香港太空人」家庭，後嚟又有人出於現實考慮而重返香港發展。

符碌 (fu4 luk1)

呢個詞源自英式桌球術語Fluke嘅廣東話音譯，意思係僥倖、偶然、意外；表示依靠幸運先至成功，而唔係用自己嘅實力做到嘅效果。符碌嘅意思係指打士碌架（枱波）有時會有啲好有運氣嘅入波，而喺枱波術語裡頭就叫呢個情況做Fluke。不過要記住，考試唔好諗住可以靠符碌，係事前要好認真咁溫書㗎。

滴汗 (dik6 hon6)

意思係表示無奈、尷尬、唔知點算。情況就係將食指頂喺中指嘅指尖呈汗滴形狀，再將手指喺額頭滑向耳仔，就表示無奈到令人抹一額汗嘅感覺。

林憶蓮一九八八年六月曾經推出過嘅一首粵語流行曲，歌名係〈滴汗〉，由林振強填詞，重憑住呢首歌贏得十大勁歌金曲獎。

北漏洞拉 (bak1 lau6 dung6 laai1)

呢句係越南話嘅四個音節，係「現在開始」嘅意思。

源自一九八八年八月香港政府通過香港電台長期廣播，向越南船民講解新實施甄別政策內容嘅第一句。由於香港人喺一九九〇年代都長期聽到呢段越南話廣播，所以又有人就貪過癮戲稱越南人係「北漏洞拉」。

足球係最好嘅朋友 (zuk1 kau4 hai6 zeoi3 hou2 ge3 pang4 jau5)

全球唔少細孥仔都係因為呢句說話而愛上咗足球。呢句經典說話係嚟自日本漫畫家高橋陽一，喺八〇年代創作嘅漫畫《足球小將》電視動畫版嘅粵語配音對白。

撬牆腳 (giu6 coeng4 goek3)

字面嘅意思係指人用鐵筆去撬爛牆底；而實際係指人有心將人哋嘅情人撬走。香港喺一九八三年八月上映過一齣喜劇港產片叫《專撬牆腳》（The Perfect Wife?!），由石天導演，石天、曾志偉、劉瑞琪、秦沛、黃百鳴等主演，劇情係有一位擅長辦理離婚案嘅風流律師，鍾意同啲有夫之婦勾勾搭搭。呢部電影又有同名嘅電影主題曲，由許冠傑作曲，黃百鳴填詞，麥嘉主唱。

大哥大 (daai6 go1 daai6)

意思係指人人都係大哥，同大哥嘅大哥，只有自己最低最無地位。源於一九八六年香港電影《夏日福星》裡面，由羅漢果（曾志偉）講嘅對白，因為羅漢果係五福星之中最低B嘅一個，所以經常畀人蝦，佢面對嘅個個都係大哥，又有大哥嘅大哥，唔知點稱呼，所以就作咗「大哥大」、「大哥大大」、「大哥大大大」等嚟稱呼佢哋。

搵工跳槽 (wan2 gung1 tiu3 cou4)

意思係指人想轉公司或者改變行業而選擇求職，通常都係為咗工作內容、人事關係、薪酬福利、加班情況等實際因素。

搵工跳槽，呢句嘢源自一九八八年「JobMarket求職廣場」推出一個商業廣告裡頭，一句經典嘅廣告口號：「搵工跳槽……Sha la la la Sha la la la la la...」。之後又被人當成口頭禪同流行語咁攞嚟講。

阿SIR，我冇做大佬好耐 (aa3 soe4, ngo5 mou5 zou6 daai6 lou2 hou2 noi6)

意思係指喺被警察調查時，有某啲退隱江湖嘅人士，對啲警察講嘅說話。

源於一九八六年香港電影《英雄本色》裡頭，過氣大佬豪哥（狄龍）向做警察嘅細佬阿傑（張國榮）講嘅一句對白。之後無論喺學校嘅學生對老師又好，喺街邊嘅古惑仔對警察又好，好多時都會聽到嘅對話。

七十年代

（一九七〇—一九七九）

呢個時期嘅香港由發展中地區蛻變成為先進經濟體，係電視同電影行業一個高速發展嘅時期，亦係香港粵語流行曲嘅新發展時代，而香港功夫片（武打電影）亦走出國際。電視已經成為當時最有影響力嘅一種傳播媒體。香港經濟喺呢十年整體仍然係維持高速發展，而且亦躋身入亞洲「四小龍」之列。

的士高／的士夠格 (dik1 si2 gou1 / dik1 si2 gau3 gaak3)

英文叫Disco，嚟自法文Discothèque，所以傳入香港又譯做「的士夠格」。的士高，係一種畀人跳舞嘅娛樂場所，會播放預先製錄好一啲適合跳舞嘅節拍音樂，可以勁亦可以慢，再配合埋五顏六色嘅燈光，跳舞唔使跟任何標準規矩，可以自由發揮。

源自一九六〇年代中後期美國嘅跳舞音樂，而專播放呢種音樂嘅舞廳就叫的士高。一九七〇年代香港亦開始瘋行，跳舞嘅人可以男女成對而舞，又可以集體同舞，可以毫無約束咁表現自己嘅個性，做出各種唔同嘅動作。

乒乓外交 (bing1 bam1 ngoi6 gaau1)

意思係指一九七一年四月中國同美國兩國乒乓球隊互訪嘅一系列事件，由中國主動將體育運動嚟援和中美兩國嘅政治緊張，被稱為「小球轉大球，斗零變大牛」嘅乒乓外交。

源於一九七〇年代中美關係極度緊張，中國邀請美國乒乓球隊訪中，之後中國乒乓球隊回訪美國。咁成為改善中美關係嘅一個新起點。冇幾耐之後，美國總統尼克遜訪問中國，係美國總統第一次嚟到中國訪問，所以就有媒體將呢次歷史事件稱為乒乓外交。

我少讀書，你唔好呃我！(ngo5 siu2 duk6 syu1, nei5 m4 hou2 aak1 ngo5)

呢句嘢嘅意思同講嘅人嘅表情，係指我讀書唔多，唔係好識講詩道理，你唔好當我傻仔嚟欺負我呢個老實人。

源於一九七二年由香港嘉禾電影公司出品嘅一齣武打功夫電影《精武門》（Fist of Fury），由李小龍主演，羅維執導，韓英傑武術指導。喺戲入面五師兄陳真（李小龍）向巡捕房探長講：「我少讀書，你唔好呃我！」

咪住 (mai5 jyu6)

意思係指慢著、等等、且慢等。

源於一九七五年無綫電視播出一齣粵語配音嘅台灣古裝武俠劇《保鑣》，入面一句好多角色都講嘅對白。當劇情每次去到緊張時刻，劇中人將出手對決嘅時候，總會有人突然走出嚟大嗌「咪住」，之後各人就停晒手，繼續由頭再講過個故仔。

新浪潮 (san1 long6 ciu4)

又叫香港新浪潮（Hong Kong New Wave）或者香港電影新浪潮，意思係指香港電影新嘅一個潮流。一批有獨特創意同社會觸覺嘅年青導演，拍攝出一批完全唔同於傳統概念嘅香港電影，當中係充滿個人色彩嘅新浪潮電影。

源於一九七〇年代末至一九八〇年代初香港嘅一個電影製作潮流，參與者多數有電視製作經驗，或者有電影課程資歷嘅年青導演，當中包括徐克、許鞍華、嚴浩、譚家明、方育平、牟敦芾、余允抗等等。而由梁普智同蕭芳芳一九七六年一齊導演嘅《跳灰》（Jumping Ash），就屬於香港新浪潮嘅先鋒。

茄喱啡 (ke1 le1 fe1)

正式名稱叫特約演員，又同跑龍套、臨記、打雜、路人甲等同義。係指一啲戲分極少且唔重要嘅演員。而喺俚語中，可以用嚟指一啲無關重要嘅人物。

源於一九七八年十二月上映嘅香港電影《茄哩啡》（The Extra），由嚴浩執導，陳玉蓮、伊雷、曾江、李海生等主演，屬於香港嘅新浪潮電影。

阿燦 (aa3 caan3)

香港人喺一九七〇年代至一九九〇年代對嚟自中國大陸男性新移民嘅貶稱。阿燦（Ah Chank），呢個稱呼源自一九七九年電視劇集《網中人》入面，由廖偉雄飾演嘅角色程燦，暱稱阿燦。佢喺劇中飾演一個非常土氣嘅大陸新移民。阿燦喺劇集其中一個情節裡頭，一口氣食咗三十個漢堡包而出名。阿燦，亦成為廖偉雄嘅暱稱，亦係一九八〇年代大陸來港新移民嘅代名詞流行語。

金山阿伯 (gam1 saan1 aa3 baak3)

台山話就講成劍傘阿伯，呢個係指舊時去到舊金山或者新金山做苦工嘅廣東人，喺年紀大之後，大約喺一九七〇年代大陸改革開放之後，經由香港返去鄉下娶老婆嘅單身寡佬。源於清末民初時出洋去到美國三藩市（舊金山）或澳洲墨爾本（新金山）做苦工同掘金礦嘅一班廣東男人。佢哋留喺外國辛苦咗好多年終於儲到啲錢，不過已經變成年老阿伯，而且重係寡佬一個。呢班廣東寡佬喺外國孤單生活咗咁多年，一心想搵番個同聲同氣伴過埋下半世，而佢哋係由金山返嚟嘅單身男人，就被當地人叫佢哋做金山阿伯。

士碌架 (si6 luk1 gaa2)

係英文Snooker嘅廣東話音讀，係一種用白波射其他顏色波落袋嘅檯上運動。喺英國、英聯邦國家、香港等，或其他同英國有聯繫嘅地方流行。源於一九七〇年代中後開始喺香港發展嘅桌球運動其中一種，又叫英式桌球，到一九八〇年代成為香港一項時尚同受歡迎嘅運動。

BB機 (bi1 bi1 gei1)

又叫Call機、傳呼機，係一種有接收簡易文字訊息功能嘅個人無線電通訊工具。香港傳呼機服務喺一九七〇年代開始發展，傳呼機曾經係香港好普及嘅通訊工具之一。又因為接收嘅內容唔同，可以分為四種機型：音樂機、數字機、文字機、語音機。

鹹蛋超人 (haam4 daan2 ciu1 jan4)

日本圓谷製喺一九六六年拍攝嘅電視劇集《超人Ultraman》裡面嘅主角之一，到一九七八年新推出嘅美國電視劇《Superman》，初頭個名係譯做「神行太保」，到第二個出現時個名就直接譯叫「超人」，所以由嗰年開始就有兩個唔同形格嘅超人出現。之後就有人將兩個超人個名分開：嚟自日本，佢對眼似兩個半邊鹹蛋扱喺面度嘅超人叫鹹蛋超人；而嚟自美國瀟灑靚仔，會將條紅底褲著喺外面嘅超人就叫紅底褲超人。

拉柴 (laai1 caai4)

呢句說話意思係話人死咗，未搵到有來源解釋，不過有人認為同棺材有關。舊時有錢人死咗要入棺材，會拉個棺材出殯；而窮人死後冇錢買棺木嘅，就搵啲柴板鬬個箱，拉個柴箱入殮。所以拉柴箱入殮，可能就係拉柴嘅意思來源。

同類形嘅流行語重有：瓜柴、釘咗、釘蓋、香咗、摺咗、摺埋、冚旗、冚蓋、玩完，而再毒啲嘅就叫「廢拉柴」。

大件事

(daai6 gin6 si6)

意思係指重大嘅事件；好重要嘅事情；又指事件總形勢，事件氣勢浩大；亦指大力從事，大規模從事。

源於亞洲電視一九七七年播出一套三十集嘅時裝奇案電視劇《大件事》。演員包括：伊柏堯、黃莎莉、朱鐵和、馬敏兒、王偉、黎少芳、凌文海、梁雪薇、譚一清、關偉倫、張惠儀、許紹雄、羅石青、陳振華、董驃、朱德惠、楊安、張瑛、李影、韋烈、符海、楊世鈞、蘇淑萍、李茱迪、林錦棠、周吉、艾迪、謝依齡、陳麗雲、洪國華、黃定一、陳狄克、陳永聰、孟浪、蔡水清、許英秀、張美璉、夏玉麟、郭峰、黎灼灼、區嶽、譚榮傑、鄭婉琴、周麗娟、李壽祺、甘山、司馬華龍、劉志偉、姜宏保、柳影虹、萬淑兒、黃樹棠、陳植槐、江雪、郭冠雄、莫慶忠、陳彼得、鄭文霞、袁曼枝、梁漢威、吳有昇、鍾偉強、楊旭、梁權、黃體勇、陳一言、陳中堅、陳婉……

六十年代

（一九六〇—一九六九）

呢個年代香港出現咗第一位流行文化嘅年輕人偶像——陳寶珠。佢又同其他六位年輕女演員，包括馮素波、沈芝華、蕭芳芳、薛家燕、王愛明、馮寶寶等上契結拜組成「七公主」。當年嘅粵語電影、流行音樂、歌曲同生活品味等，都加入咗好西方由年青人主導嘅文化。不過，雖然話香港係有新嘅潮流文化出現，但係當時香港電影嘅內容依然好深受中華文化嘅影響。例如古代神話、民間傳奇、武俠奇情等等。

要錯都係社會嘅錯 (jiu3 co3 dou1 hai6 se5 wui5 ge3 co3)

成句係：「你哋冇錯，要錯都係社會嘅錯！」源於香港一九六〇年代由楚原執導嘅粵語片《可憐天下父母心》悲劇裡面出現嘅對白，呢句說話一直一九八〇年代依然都係咁有共鳴。其實，去到今時今日，有人將成句講返出嚟都唔覺得過時！

係咪兄弟先？(hai6 mai6 hing1 dai6 sin1)

意思係指同你稱兄道弟，可以係相熟朋友，亦有啲唔多熟嘅人走嚟扮朋友。如果有人拍著你膊頭講呢句嘢，你會覺得點呢？

無論係香港電影嘅劇本或者係現實之中，都係最常用嘅台詞對白同說話。想搵著數拍人膊頭嘅開場對白「係咪兄弟先」，全部都直接搬上銀幕，同時亦係電影人嘅現身說法。

披頭四 (pei1 tau4 sei3)

THE BEATLES

呢個名係英文Beatles嘅廣東話諧音講法。

披頭四樂隊（The Beatles），又叫甲殼蟲樂隊，一九六〇年喺利物浦組成嘅一支英國搖滾樂隊。成員有約翰連儂（John Lennon）、保羅麥卡尼（Paul McCartney）、佐治夏里遜（George Harrison）、靈高史達（Ringo Starr）。一九六四年四月披頭四宣佈訪問香港，喺尖沙咀樂宮戲院舉行兩場表演。

食碗面，反碗底！(sik6 wun2 min2, faan2 wun2 dai2)

意思係形容出賣身邊朋友、反骨、忘恩負義嘅人。源於一九六四年香港一齣粵語片《香港屋簷下》(Under Hong Kong's Roof) 入面，商人朱為仁（吳楚帆）講過嘅成為名句。而喺廿四年之後，吳楚帆喺一場電台嘅頒獎禮入面，將呢句調轉講成「食碗底，反碗面」一樣成為經典潮語。

女殺手 (neoi5 saat3 sau2)

殺手，係指接受請託而殺害特定對象嘅人，通常會獲得物質性嘅報酬。以此為業嘅專業級殺手，就叫做職業殺手。殺手後嚟又引申用嚟形容一啲好專業、好厲害、好犀利嘅人。

呢個詞源於一九六六年上映嘅一齣占士邦式嘅粵語時裝武打電影《女殺手》(Lady Bond)，戲入面女主角陳寶珠一遇到惡人，就會化身為女殺手儆惡懲奸，對抗黑社會惡勢力。而同名嘅電影插曲〈女殺手〉，亦係由陳寶珠主唱。

逳親手就聽打 (juk1 can1 sau2 zau6 teng1 daa2)

呢句嘢係一九六〇年代蕭芳芳唱嘅〈夜總會之歌〉裡頭最後嘅一句歌詞。源於一九六七年蕭芳芳主演嘅粵語片《玉面女殺星》，請填詞人蘇翁同蕭芳芳寫幾首歌，佢用咗當時流行嘅歐西歌曲〈Shakin' All Over〉，填上粵語歌詞名為〈夜總會之歌〉。因為最尾句歌詞太深入人心，以至於好多人都以為呢首歌就叫做〈逳親手就聽打〉。

土製菠蘿 (tou2 zai3 bo1 lo4)

即係土製炸彈 (Improvised Explosive Device)，係可以用日常生活嘅物料簡單製作，所以一般嘅火力都唔會太大。

源於一九六七年「六七暴動」，當時左派工會因為南豐紗廠事件搞咗個叫「支援南豐紗廠工人反迫害鬥爭委員會」，簡稱「鬥委會」，又組織市民發動示威。之間又發生警民衝突，有左派工人發起「遍地菠蘿」行動，喺各區範圍放置真假炸彈向港英政府進行恐嚇報復，利用當年買到嘅煙花炮仗土法製造炸彈。

紙老貓 (zi2 lou5 maau1)

意思係指空有威勢而冇實力嘅人或團體，表示比只會虛張聲勢嘅紙老虎重要差嘅力量，根本就唔會有咩作為㗎嘞。

源於一九六七年「六七暴動」，當時左派工會搞咗個叫「反英抗暴鬥委會」，又組織咗幾百個市民去到香港總督府示威，重喺總督府門口外面度貼大字報，形容英港政府係隻係「紙老貓」。

耐人尋味 (noi6 jan4 cam4 mei6)

呢句嘢係指意味深遠雋永，值得人反覆沉思同體會。

源於一九六〇年代嘅老夫子漫畫，作者王澤鍾意用四字詞語嚟做主題，其中包括惡有惡報、原來如此、耐人尋味、自討苦吃、各有千秋等。

清代無名氏《杜詩言志》第三卷：其所作如《少府畫障歌》、《崔少府高齊觀三川水漲》諸詩，句句字字追琢入妙，耐人尋味。

貓王（maau1 wong4）

呢個係英國搖滾歌手皮禮士利（Elvis Presley）嘅花名。源於一九五四年出道用嘅暱稱，嚟自鄉下貓（The Hillbilly Cat）同西洋流行樂之王（The King of the Western Bop）組合而成。喺西方佢被稱為搖滾樂之王，或者簡稱做「王」（the King）。喺一九六八年香港就有人組織成立一個貓王嘅國際歌迷會。

公仔箱（gung1 zai2 soeng1）

係舊時對電視機嘅稱呼，因為早期嘅電視機嘅外形就同一個大木箱一樣而得呢個別稱。而電視機亦被世人公認為係二十世紀嘅重要發明之一。

一九六七年六月第一批彩色電視機由日本運到香港，當時只有歐美嘅劇集先至有彩色製作。一九六九年十二月無綫電視開始試播彩色電視節目嚟做香港節宣傳節目，第一個試驗彩色製作係喺公仔箱播映《歡樂今宵》（Enjoy Yourself Tonight），簡稱EYT。

五十年代

（一九五〇—一九五九）

呢個年代係二次大戰後嘅復原期，粵劇、粵曲、粵語電影、國語電影、電台廣播節目都成為香港市民最大嘅娛樂。好多民眾嘅流行語都由呢啲大眾娛樂裡面傳播出嚟嘅。而當時嘅電台節目好多都係以廣播劇為主，其中李我嘅《天空小說》亦係風靡一時嘅民間娛樂。

大戲 (daai6 hei3)

又叫廣東大戲，依家已經習慣叫粵劇（Cantonese Opera），係一種揉合唱做念打、樂師配樂、戲臺服飾、抽象形體等等嘅表演藝術。粵劇源自南戲（南曲戲文），相傳係由明朝嘉靖年間開始喺廣東、廣西地區出現。粵劇中嘅每一個行當（末、生、旦、淨、丑、外、小、夫、貼、雜），都有各自獨特嘅服飾打扮。

你班馬騮 (nei5 baan1 maa5 lau1)

馬騮，屬猴，又同猿好相似，可以係指一種好機靈嘅靈長類動物；又可以指一啲百厭到大人管唔住嘅細孥仔。

呢句嘢源出於一九五〇年代「黃飛鴻系列」電影入面嘅一句對白，關德興飾演嘅黃飛鴻瞪大對銅鈴咁嘅眼，喝鬧由曹達華、劉湛、林蛟、西瓜刨等飾演嘅梁寬、林世榮、凌雲楷、牙擦蘇等一班徒弟講：「你班馬騮，呢次真喺畀你哋激死！」

牙擦蘇 (ngaa4 caat3 sou1)

源於一九五〇年代粵語片「黃飛鴻」戲劇系列中嘅一個叫亞蘇嘅虛構角色，由西瓜刨（林根）飾演。因為戲中嘅角色天生有棚哨牙，佢講嘢又牙擦擦，所以又畀人叫牙擦蘇，又或者叫哨牙蘇。

天空小說 (tin1 hung1 siu2 syut3)

屬於一個人講古仔嘅直播節目，由著名播音員李我首創。講古人本身無寫好嘅劇本，只係自己有個粗略大綱，搞即時創作，隨意就講，重要一人做旁述同扮演幾個聲音角色，真係要好有料同埋極強嘅創作力至搞得掂。

《天空小說》（Sky Novels）嘅受歡迎，源於戰後廣州同香港面對嘅社會混亂處境，故事引起大眾嘅共鳴。喺一九五〇年代頭兩年間，改編李我嘅《天空小說》作品有成十幾部咁多。

廣播劇 (gwong2 bo3 kek6)

早期叫戲劇化小說，係香港麗的呼聲電台首創，由多人扮演唔同角色嘅廣播戲劇（Radio Drama）。

源於廣州嘅話劇社內戰南移嚟到香港，當時麗的呼聲開始同劇團合作轉播話劇，或者由話劇嘅原班人馬上電台做廣播。廣播劇嘅戲劇化小說喺一九五〇年後受歡迎之後又開始分類，例如言情小說、新派小說、社會小說、偵探小說、武俠小說等等。

死仔包 (sei2 zai2 baau1)

呢句嘢以前曾經用嚟鬧啲比較百厭嘅細孥同埋年輕後輩嘅稱呼。

呢個詞據聞係源於水上人（蜑家）嘅用語，因為水上人生活喺船上四海為家，冇乜特別事都唔多上岸，就算生老病死都會喺船上搞掂。舊時醫藥冇咁發達，細孥嘅夭折機會高，水上人多數會用布將過世嘅細孥包裹好，然後放佢喺荒島上。

霸王雞乸 (baa3 wong4 gai1 naa2)

意思係指野蠻霸道、絕對係唔講理嘅女人，類似倀雞乸；係形容惡形惡相、說話粗聲大氣、成日都鬧人嘅超級惡女性。

粵語電影《霸王雞乸》（The Shrew Must Have Her Way）係一齣一九五一年香港上映嘅劇情片，由馮志剛導演，于素秋、林蛟、劉克宣、石堅等主演。劇情講述被稱做霸王雞乸嘅女俠士（于素秋）喺陣上招親，敗於粉面玉郎君（林蛟）手下。喺新婚之夜霸王女俠喺新房裡頭同玉郎君私下再大打出手嘅故事。

飛天蠄蟧 (fei1 tin1 kam4 lou2)

呢個名可以係指中藥名稱，一種桫欏科植物；又係指一種蜘蛛名；亦指一名劫富濟貧嘅盜賊名稱號，係出於上世紀嘅一部粵語電影。

粵語電影《飛天蠄蟧》（The Flying Spider），係一九五五年由胡鵬導演嘅一齣粵語電影，曹達華主演。故事講述主角朱容德（曹達華）化身飛天蠄蟧，劫富濟貧，同之後嘅真假飛天蠄蟧對決。

飽死荷蘭豆 (baau2 sei2 ho4 laan1 dau2)

意思係形容荷蘭豆（Snow Pea）成熟時，豆莢脹到想爆開嘅樣；係指人自滿得似條豆莢脹到爆開咁樣。呢句俗語依家已經係專門用嚟揶揄啲鍾意誇誇其談、讕叻讕醒、牙擦擦嘅人，諷刺佢哋自我中心嘅自大行為。

據聞呢句嘢出自香港一九五〇年代尾，當時嘅荷蘭豆係由一位荷蘭人引入香港種植。荷蘭豆發育至一定程度時候，豆莢裡頭嘅荳粒就會脹畐畐，就好似想爆出豆莢一樣。

獨腳烏鴉搵食難 (duk6 goek3 wu1 aa1 wan2 sik6 naan4)

意思係形容只得一隻腳嘅烏鴉好難去搵食；實際係指得一枝筷子，好難挾食。

呢句嘢係源自香港兩齣粵語長片裡頭嘅對白，一部係一九五六年由吳回導演嘅《呆佬拜壽》；另一部係一九五九年由馮志剛導演嘅《無兵司令》，成句對白係：「可惜青龍無滴水，獨腳烏鴉搵食難。」意思係指水杯裡面冇茶，一枝筷子挾唔到嘢食。

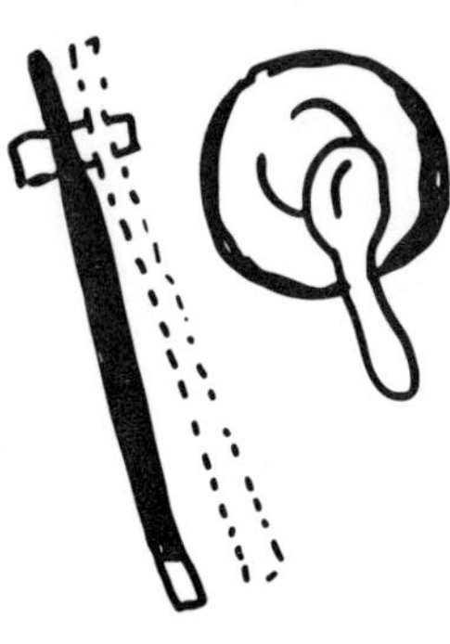

海軍鬥水兵 (hoi2 gwan1 dau3 seoi2 bing1)

歇後語——水鬥水。係指同樣水平唔高甚至差勁嘅隊伍對賽，結果只係比較邊隊係更差嘅啫。後嚟引申指任何水平唔高嘅對決或比賽。

聽講係源出於香港五、六〇年代，當時未有職業足球，最初開始時華人對呢種運動興趣唔大，所以喺以前嘅足球比賽通常都係西人圈裡面流行嘅活動。當時嘅球隊就出現有海軍、陸軍、水警、海關、緝私等嘅隊伍參賽，呢啲球隊都係業餘嘅，而且水準唔算高，高亦唔高得去邊，大家都係出嚟開心娛樂下嘅啫。佢哋嘅比賽就好似玩玩下咁，無咩睇頭，於是就出現咗「海軍鬥水兵——水鬥水」呢句歇後語。

四十年代（一九四〇——一九四九）

上半段時期受到日軍入侵，經歷香港保衛戰同「三年八個月」嘅香港日佔時期，強迫皇民教育（阿哩嘎多），真正嘅民不聊生；下半段時期就因為第二次國共內戰，同樣都係民不聊生，令到大批難民湧入香港，人口數量急升好多倍，香港各處嘅寮屋區就成為咗容納呢批突如其來人口嘅落腳地。

三年零八個月 (saam1 nin4 leng5 baat3 go3 jyut6)

意思係指第二次世界大戰時日本人軍事佔領香港嘅一段慘痛時期，由一九四一年十二月廿五日香港總督楊慕琦投降起，至一九四五年八月十五日日本天皇宣佈無條件投降為止。香港人俗稱呢段時期為「三年零八個月」。

日軍喺一九四一年十二月八日由酒井隆指揮由深圳進攻香港，當時負責守住香港嘅有駐港英軍、加拿大、印度支援香港嘅軍隊，同埋香港義勇軍。英軍被迫撤離新界同九龍，退守香港島。香港義勇軍苦戰一個星期之後，以眾寡懸殊難扭劣勢，終於喺聖誕節嗰日投降，港督楊慕琦亦成為戰俘。

零戰 (ling4 zin3)

全名叫零式艦上戰鬥機、零式戰鬥機，編號A6M，係日本航空隊喺二戰期間曾經進駐香港啟德機場嘅一款好出名嘅戰鬥機。

源於一九四〇年到一九四五年大日本帝國海軍嘅主力艦載戰鬥機，由三菱重工業設計，係一款單座型艦載戰鬥機。由中日戰爭戰場初期，直到第二次世界大戰結束，成個太平洋戰區都可以見到佢嘅蹤影，可以話係日本海軍喺二戰時期最知名嘅戰鬥機。

皇民教育 (wong4 man4 gaau3 juk6)

源於香港一九四〇年代日佔時期，日本軍隊實行強迫教育，禁止使用英文同強迫使用日文外，部分港九主要街道同地區名稱亦被更改成為日本名，例如皇后大道被改名為明治通，彌敦道被改名為香取通；各地域名都加上個區字，好似中環（中區）、上環（西區）、油麻地（香取區）、石塘咀（藏前區）、沙田（沙田區）、大埔（大埔區）、元朗十屯門（元朗區）等。

香港小姐 (hoeng1 gong2 siu2 ze2)

簡稱港姐，意思係指參加香港大型公認嘅選美活動，又成為冠軍嘅女仔（Miss Hong Kong）。

源於一九四六年六月喺北角麗池夜總會舉行嘅第一屆香港小姐競選，由香港中華業餘泳團同英國空軍俱樂部合辦，由李蘭（梁淑真）奪得第一屆香港小姐冠軍。

三十年代（一九三〇—一九三九）

當時係全球經濟大蕭條，銀本位貨幣制度受到衝擊，都對香港經濟做成影響。一九三七年港元正式成為香港法定貨幣，可以同世界主要貨幣交易。民國建立後，省港澳之間嘅經濟關系得到發展，粵港（廣州，香港）、滬港（上海，香港）相互投資增加多咗，出現好多跨三地嘅聯號商業行，例如先施公司、永安百貨、大新百貨、匯豐銀行等。

師奶 (si1 naai1)

又有寫司奶、施奶，意思係指已經結咗婚嘅女人，又係太太、家庭主婦嘅俗稱，舊時主要係街坊之間用嚟打招呼嘅用詞，例如陳師奶、張師奶、戈師奶等。

師奶呢個詞大概喺一九三〇年代前後出現，係對家庭主婦嘅稱呼，屬於一個中性嘅用詞，不過有部分人認為師奶係老土勢利、目光短淺，所以呢個稱呼漸漸變成帶有貶義；亦有人認為師奶係精打細算、腳踏實地，又隨著時代轉變，已婚女性好多都投身社會唔同嘅職業，所以呢個名詞又再恢復中性。

新九龍 (san1 gau2 lung4)

呢個係香港殖民地時期，四個大區域嘅組成部分（香港島、九龍半島、新九龍、新界）之一，又係發展九龍同新界嘅一個特殊安排。

源於一九三七年香港政府劃出界限街以北、九龍群山以南，包括九龍山（飛鵝山）、慈雲山、雞胸山、虎頭山（獅子山）、煙墩山（畢架山）、鷹巢山（尖山）等山嶺嚟做天然界線，原本屬於新界嘅平坦土地，劃咗「新九龍」嚟做市區發展用地。

九七戰 (gau2 cat1 zin3)

全名叫中島九七式戰鬥機，編號為Ki-27，係日本航空隊喺二戰期間曾經進駐香港啟德機場嘅一款戰鬥機。九七戰主要由中島飛機廠、立川飛機廠、滿州飛機廠等負責生產。源於一九三〇年代後期中島飛機為日本帝國陸軍設計同生產嘅低單翼、固定式起落架、單發動機戰鬥機，又係日本陸軍裝備嘅第一種下單翼結構戰鬥機。九七式戰鬥機喺太平洋戰爭初期係主力戰機之一，不過喺新款嘅一式戰鬥機量產後，好快就退居二線轉任高級教練機用途，到戰爭末期又用喺自殺特攻。

鴨屎綠 (aap2 si2 luk6)

又叫鴨綠色，係隻似鴨屎嘅綠色，主要融合藍色、綠色又略帶灰色，色彩好似綠松石色，但係顏色又比較深一啲。其他同類型嘅稱呼重有姣婆藍、籮底橙、基佬紫、娘粉紅、黃牙白等等。

二十年代（一九二〇——一九二九）

係二十世紀第三個十年嘅時期，香港成為廣東對外嘅貿易中心，由廣東地區運嚟香港嘅貨物，除咗供畀本地消費嘅食品同土產之外，重有好多貨品再經香港轉口出去海外。當時嘅各行業都出現自身嘅行內術語，部分流行嘅術語被大眾知識後，又會成為社群嘅流行用語，例如上岸、行例、電燈柱之類。

行例、行規 (hong4 lai6, hong4 kwai1)

呢個係指一種明文公佈嘅行業內部守則，定明標準同規例，需要行業內嘅成員一齊遵守呢個規則。內容主要係規定經營範圍、維護同行利益、限制同業惡意競爭等。

源於香港上環約三百幾間商行所組成嘅香港南北行公所，喺一九二〇年訂出《南北行例》，規定行內守則，聘更練維持治安，同負責滅火消防等規矩。

電燈柱掛老鼠箱 (din6 dang1 cyu5 gwaa3 lou5 syu2 soeng1)

又叫電燈杉掛老鼠箱，呢個係香港上兩世紀鼠疫時期實施收集死老鼠嘅措施；後來又被人引用嚟比喻一對情侶高矮懸殊嘅特徵。

源於一八九四年至一九二六年之間，香港發生鼠疫期間實施嘅措施，當時衛生部門設計咗一款密封式鐵箱，呼籲市民合力協助將死老鼠放入呢啲密封箱入面。政府為咗增加老鼠箱嘅覆蓋性，於是就將呢啲老鼠箱掛喺當街嘅電燈柱上面，方便市民將死老鼠掉入箱裡頭。因為香港初期嘅街燈柱大多數係木造嘅電燈杉，所以就有「電燈杉掛老鼠箱」呢句當時嘅流行語。

過街老鼠 (gwo3 gaai1 lou5 syu2)

歇後語——人人喊打。老鼠係人人都討厭嘅動物，所以一見到老鼠，就想消滅佢；比喻啲做咗衰嘢嘅，必然會被大眾人唾罵，甚至喊打。

源於香港喺一八九四年至一九二六年之間爆發鼠疫嘅一段時期，當時政府衛生部門就設計咗啲密封式嘅鐵箱，又呼籲市民協助將啲死咗嘅老鼠掉入呢啲密封鐵箱入面。（啲老鼠通常都係被打死，或者畀水浸死淥死同用火燒死。）

行路上廣州 (haang4 lou6 soeng6 gwong2 zau1)

意思係指有某啲人愚蠢，要行路去廣州。全句話係「戇七七，行路上廣州」。如果有人無端端同你講：「做咩行路上廣州呀？」其實佢係笑緊你做咩「戇居居」咁樣。

呢句嘢源於一九二五年工人響應省港大罷工嘅返廣州行動，當時有數以萬計嘅香港工人響應號召，離開原本嘅工作崗位返上廣州，而香港殖民地政府下令九廣鐵路停駛，所以想離開香港嘅工人大多數都只有用步行嘅方法行返廣州。

誒誒佬 (ei6 ei6 lou2)

又叫老橫、弦索手，係指舊時喺八音館（以前聽歌嘅場所）拉二胡演奏嘅樂師。

源於舊時絃索樂器嘅男樂手嘅稱呼，即係指彈奏絃樂嘅人。喺金元時期嘅北方戲曲，通稱用琵琶、三絃等絃樂伴奏嘅戲曲、曲藝為「絃索」。

唐朝元稹的《連昌宮詞》：夜半月高絃索鳴，賀老琵琶定場屋。

飛甩雞毛 (fei1 lat1 gai1 mou4)

呢個係Ferragamo嘅廣東話讀音，個名係意大利嘅一個皮具品牌。

飛甩雞毛，源自義大利鞋匠Salvatore Ferragamo個名，佢大概喺一九二〇年代成名興家。佢設計創造出第一對涼鞋，喺一九二七年左右亦打響咗「意大利製造」嘅國際知名度，之後又因為瑪麗蓮夢露而更加聲名大噪。

一十年代（一九一〇—一九一九）

一九一〇年代，係二十世紀第二個十年嘅時代。當時全世界兩個面積最大嘅國家，大清帝國同俄羅斯帝國都喺呢個時代結束。而第一次世界大戰嘅爆發，又令到德意志帝國、奧斯曼帝國、奧匈帝國等強國瓦解。香港當時相對比較穩定，基礎規劃同建設都開始，各區族群嘅亦都多咗接觸同往來。

火車路 (fo2 ce1 lou6)

又叫路軌、火車軌，係指畀火車行嘅鐵路（Railway），由鋼軌（舊時用鐵軌）、枕木同道碴組成。火車最初係用蒸氣推遁，之後用柴油推動，依家已經發展到用電力同埋磁浮之類嘅新方式去提升速度。

源於一九一〇年十月一日（清朝宣統二年）清朝政府同英國香港政府稱為「廣九鐵路」嘅英段鐵路開通。路線由深圳羅湖至到九龍尖沙咀。一九一一年起連接全條路線，由廣東廣州嘅流化車站至香港九龍嘅尖沙車站。

世界大戰 (sai3 gaai3 daai6 zin3)

英文叫World War，意思係指涉及到世界上大多數強大同人口多嘅大國家，因為各種唔同理由而發生嘅大規模同大範圍嘅戰爭。

源於一九一四年至一九一八年喺歐洲爆發嘅一場戰爭，包括歐洲、美洲、亞洲等，有成三十三個國家參戰，結果導致德意志帝國、俄羅斯帝國、鄂圖曼帝國、奧匈帝國等四個強國瓦解。呢場戰爭被稱為「第一次世界大戰」。

放飛機 (fong3 fei1 gei1)

意思係形容人爽約，唔守信用，冇按照事先嘅約定赴約或失蹤唔見人。

話說喺一九一一年嘅香港，當年有航空公司第一次舉辦飛行表演。原本選定咗三個日子，第一個日子由於當日風勢太大，飛機表現暫停；第二、第三個日子都因為天氣問題而取消。之後航空公司額外新加第四日子，嗰日同樣又因為風勢好大，飛機成功飛起離地六十尺就返落地面。遮日主辦飛機表演嘅航空公司刊登一份道歉啟示，指天氣唔穩定導致表現未如理想（不過飛機總算放了出上天）。之後就被傳媒精簡字句，報導寫成「放飛機事件」。

咸豐年咁耐 (haam4 fung1 nin4 gam3 noi6)

又講咸豐年嘅事，意思係指好耐以前發生嘅事；亦係暗示過往嘅慘事都唔想再提起。

對於廣東人嚟講，咸豐年時代唔係咩好時光，後嚟經歷過呢啲災劫嘅人老咗，同年輕一輩講返咸豐年間嘅事，但對年輕一輩而言呢啲事好遙遠無乜共鳴，於是就會形容為「咸豐年嘅事」，意指好耐以前發生過嘅淒慘嘢，亦暗示過咗咁耐嘅辛酸事，再講嚟做乜呢。

浸死鴨㞘嗰年 (zam6 sei2 ngaap3 naa2 go2 nin4)

呢句嘢係形容舊時生活條件極為困難嘅年代；或者形容曾經歷過一段好慘嘅時間；後來引申表示時代久遠，時間好長，遙遙無期嘅意思。

源自一九一五年七月喺廣東發生嘅乙卯大水災，當時珠江流域地區由於連續幾個月落暴雨，導致西江、東江、北江等三條大江同時爆發大水。又遇啱同大海潮撞埋，江水流唔出大海，最後搞到珠江出現大洪水。據聞當年廣州城被洪水淹浸咗七日七夜，可以想像當時災情相當嚴重，就連嗰啲游水好叻嘅鴨㞘，都因為潛入水底（擜水）都搵唔到嘢食而餓死。

賣大包 (maai6 daai6 baau1)

意思係指生意人想有多啲人嚟幫親，就用廉價方式嚟做招徠。

清末民初時期，茶樓為了吸引食客，都期望喺客人之間留個好口碑。一般茶樓賣叉燒包、蓮蓉包同豆沙包，但有間茶樓單獨闢蹊徑創出咗一種雞球大包，餡料有雞肉、豬肉、筍粒等，形態比普通嘅包大得多，所以就叫大包。

二十世紀初期（一九〇〇—一九〇九）

香港踏入二十世紀，係一個新發展嘅時代，喺一八九八年六月九日以後，香港島、九龍半島、新界等地區都已成為英國香港政府嘅管轄範圍，英國對香港嘅管治亦逐漸上軌道。新嘅管治同本地城市發展，又令到香港各區族群出現有唔同講法但有相似或相同意義嘅新詞，同時又衍生出唔同區域嘅流行語。

採購 (coi2 kau3)

意思係指買方去搵到一個合理或最低價格而去購買嘅行為。而複雜嘅採購行為，可以包含信息收集、尋找合作夥伴、商業談判、簽署合同等步驟。

據聞採購呢個詞喺明朝中期出現，葡萄牙文comprador傳入時經翻譯稱做採購者，意思係買方。

士多 (si6 do1)

英文Store廣東話音譯，類似中文嘅辦館，通常都係歷史悠久或開業多年嘅舖頭仔。源自二十世紀香港同澳門嘅社會中比較流行呢類經營方式嘅店仔。又類似廣東雜貨舖，不過比較係賣西式嘅嘢多啲。

叮叮 (ding1 ding1)

又叫叮叮車，係香港電車嘅暱稱。

源於電車喺行駛嘅時候，司機會敲鐘發出叮叮聲提醒途人，所以大家就用「叮叮」去稱呼電車。香港電車一九〇四年通車，至依家已經有一百二十年的歷史。

電車路 (din6 ce1 lou6)

意思係指電車專用嘅一條車路，喺香港就只有香港島北先至有嘅一條電車路，喺香港地係獨一無二，所以一講起，本地人就個個都會明講緊邊一條路。

香港電車喺一九〇四年開始投入服務，係香港島最早發展嘅交通工具之一。除咗係香港島北面居民嘅主要交通工具，亦係外地遊客嘅著名景點之一。

交際花 (gaau1 zai3 faa1)

意思係指善於運用個人美貌，善於喺社交場合應酬、交際嘅女性。世界名著《茶花女》(The Lady of the Camellias) 入面嘅女主角，就係十九世紀喺法國紅極一時嘅交際花。

老襯亭 (lou5 can3 ting4)

呢個係指舊時有好多老襯聚埋一齊睇風照嘅地方(觀景亭)。

據講原名叫鮑寧亭，係香港島扯旗山同歌賦山之間爐峰峽上面一個已經拆卸嘅觀景亭，喺一九〇五年左右落成，係當時扯旗山頂嘅第一代建築。位置喺依家嘅凌霄閣，曾經係山頂纜車嘅終點站。

PART FOUR

❹ 近代流行語

近代流行語

十九世紀清朝統治嘅後期，被稱為晚清時期，又係華人近代史嘅開端，亦係香港成為英國殖民地嘅開埠時代。當時出現有唔少嘅流行語同新詞，例如：女王城、域多利、維多利亞、荷李活、麥當奴、士他令、立法局、遐邇貫珍、孖刺西報、鷹洋、銀圓、壹圓、官地、山頂纜車……

香港開埠時期（一八四一——一八九九）

名義上係由一八四二年至一八九八年大清因為鴉片戰爭被打敗之後，香港島被英國海軍佔領，前後三次簽約割讓新安縣城外五十公里嘅香港島、九龍半島，同租借新界畀英國，合稱做「割讓香港」。香港成為自由港之後，亦成為區裡面一個重要轉口港。英國洋行喺香港設立公司，又吸引唔少華人嚟做同貿易相關嘅業務，例如山貨、運輸、百貨、銀行、洋行等。亦有華商喺香港設立南北行經商。各地嘅文化同語言交流於是非常興盛。

杯葛 (bui1 got3)

意思係用冷落、拒絕等行為去抵制同排斥人。

網上資料指音譯自英文Boycott（抵制），源於一八八〇年北愛爾蘭一個收租佬Charles Cunningham Boycott，當年佢喺農業失收時仍然壓迫佃農，最終引起人群用抵制方式反抗，成功將佢趕離愛爾蘭人社區。後來嘅人就用Boycott呢個名去代表抵制同排斥嘅行動。

福壽膏 (fuk1 sau6 gou1)

又叫大煙、鴉片、阿芙蓉，係一種天然麻醉抑制劑，可以用嚟做麻醉性鎮痛藥嘅一種毒品。傳統用鴉片（福壽膏）嚟吸毒嘅工具有煙簽、煙燈、煙槍等。

源於晚清時期嘅有錢人認為食福壽膏係時尚，而英國商人就更大力擴展對清朝嘅雅片貿易，以普及百姓。舊時喺香港最流行嘅鴉片類毒品基本上有三種：膏狀嘅福壽膏、粒形嘅紅丸，同埋粉狀嘅白粉。而喺九龍寨城裡頭嘅光明街（電台街），就有齊各樣嘅專賣檔口，分別叫煙館、紅丸檔、白粉檔。

自由港 (zi6 jau4 gong2)

又叫自由口岸、自由貿易區，係一種以經營貿易為主嘅經濟特區。源於一八四一年六月英國殖民地軍官查理義律（Charles Elliot）宣佈香港為自由港（Free Economic Zone）之後就正式開埠，港口可自由進行貨物起卸、搬運、轉口同加工、長期儲存嘅港口區域。自由港內嘅國外貨物，可免徵關稅同埋唔使經海關檢查。

佔領 (zim3 leng5)

依家嘅意思係指因為群眾有某啲訴求，而強行聚集喺某處或某個公眾地方，為引起公眾注意而蓄意阻礙其他人嘅自由，例如佔領馬路、佔領碼頭、佔領火車站等。佔領嘅本義係指通過軍事力量手段取得某個地方，強勢佔有成為自己領土嘅行為。有一啲曾經被軍事佔領嘅土地，喺戰爭結束之後可以通過和平方式索回；不過亦有一啲被軍事佔領嘅土地，喺戰爭後由雙方簽署條約，割讓畀戰勝國。

賣豬仔 (maai6 zyu1 zai2)

意思係指由廣東被運至外省或海外嘅苦力勞工買賣，係一種奴隸貿易。香港喺十九世紀時，曾經係世界主要嘅苦力轉運中心，政府嘅公共工程局就開咗啲打正招牌外觀似客棧嘅招工館，內籠同監獄無分別嘅豬仔館。豬仔館有官辦同民營兩類，去到二十世紀初式微。當時嘅豬仔主要分三類：去美國或者加拿大嘅賒單苦力；去拉丁美洲嘅契約華工；同去南洋嘅豬仔華工。

清末吳沃堯《二十年目睹之怪現狀》第五九回：那個乾兒子呢，被他幽禁了兩個月，便把他賣豬仔到吉林去了。

大班 (daai6 baan1)

意思係指身居於大企業嘅高層，最常見嘅稱呼係洋行大班、酒店大班之類。

源於十九世紀至二十世紀初嚟大陸同香港嘅外國商人，舊時香港做生意嘅老牌英資公司有怡和洋行同太古洋行嘅管理人嘅稱呼。

清末魏源《籌海篇》四：英國公司皆為大班數人把持，與通國散商為怨敵。

買辦 (maai5 baan2)

呢個詞傾向指為外國組織做投資、貿易、經濟或政治等，充當代理人身分嘅人或團體。現代中文上所指嘅係近代史上外國在華貿易公司（洋行）所僱用嘅中國籍代理人。買辦，源於宋朝開始專指宮廷、官府採買物品嘅商人。明朝中期又多咗一個外國傳入再翻譯成嘅「採辦」。清末同香港開埠時期起又將外國商人採辦、管事嘅華人叫做買辦。

斬雞頭發誓 (zaam2 gai1 tau4 faat3 sai6)

意思係指舊時喺廣東、廣西、福建，重有香港、澳門、臺灣等地方民間流行嘅一種發誓或者宣誓儀式。不過喺廣東有啲地方，民間解決爭執疑難嘅方式並唔係靠斬雞，而係用古時判案嘅「蛇判」。香港喺開埠初期，法制尚未完善，喺當時華人要表示所講嘅供詞並無虛言，就規定一定要喺上環文武廟裡頭斬雞頭同燒黃紙，宣誓至可以成立。以前喺香港，呢啲發誓儀式都算係有法律效力嘅。

清末吳沃堯《九命奇冤》第二六回：如何來省城尋覓，薦林大有、周贊先、黎阿二、簡勒先、蔡順；當夜如何殺牛羊，拜神，斬雞頭，發誓。

金山莊 (gam1 saan1 zong1)

呢個係香港國際貿易嘅一種做轉口嘅商行，主要對象係香港同喺美國舊金山嘅華人。香港由開埠之後到二次大戰之前嘅一種名義上嘅貿易商行，主要係經營同舊金山（美國三藩市）、新金山（澳洲墨爾本）有關嘅中國民工販運同貨物出入口，最大市場係北美三藩市嘅民工販賣。

二十世紀初喺香港出名嘅金山莊有和興號、華英昌、寶隆、瑞永昌、永安泰、永昌吉、聚昌隆、同德堂、萬利棧等。

洗太平地 (sai2 taai3 ping4 dei6)

原本係指舊時中環太平山街要洗地消毒清除鼠疫；後嚟又畀人借咗用嚟比喻警察掃蕩「黃、賭、毒、黑」嘅行動，意思係指掃蕩之後，社會就會重新太平。

源於一八九四年喺香港爆發嘅一場嚴重鼠疫。當時疫情爆發最厲害嘅地區，就係上環太平山街一帶。為咗消滅鼠疫，政府採取咗嚴厲嘅清潔措施，用好大量嘅殺菌消毒藥水，為太平山街嘅居民洗地，又逐家逐戶用硫磺熏屋，最後先至撲滅鼠疫。

晚清時期（一八四〇—一九一二）

清朝統治嘅晚期，係中國華人同海外華人近代史嘅開始，西方資本主義更加深化，封建統治自給自足嘅自然經濟開始解體。清朝發起改革，例如洋務運動，促使大清國文化革新，不過甲午戰爭失敗令改革努力受到打擊。而維新運動嘅告終、義和團排外，迎嚟八國聯軍嘅瓜分結果。清廷推動清末新政雖有少少成效，不過就令到知識分子失望而轉投支持革命，近三百年江山氣數已盡。

過橋抽板 (gwo3 kiu4 cau1 baan2)

意思係形容人喺自己由前人搭板做嘅橋過咗條河之後，就將橋板抽走，唔畀往後嚟緊嘅人通過；比喻有啲人處事完全唔念舊情，忘恩負義。比喻不念舊情或忘恩負義。

晚清曾樸《孽海花》第三一回：這還不容易，你不認識，我可都認識。只要你不要過橋抽板，我馬上去找他們，一定有個辦法，明天來回復你。

紅鬚綠眼 (hung4 sou1 luk6 ngaan5)

意思係指嚟自西方外國人嘅外形同容貌，因為大多數外國人嘅身形大件，皮膚蒼白，紅鬚綠眼，而且重周身毛，個樣好似傳說中嘅山鬼。廣東人通常會叫佢哋做西洋人、紅毛鬼、番鬼佬等等。

源於舊時廣東人嘅觀念裡頭，認為西洋白人都係紅鬚綠眼嘅樣貌，或者喺十九世紀列強入侵亞洲時產生呢個用嚟形容鬼佬嘅其中一個名詞。舊時講紅鬚綠眼同番鬼佬可能係有啲貶義，而喺今時今日有唔少住喺香港嘅番鬼佬都唔介意，亦都樂意入鄉隨俗被稱為老番，重自己叫自己做Gweilo。

挺胸凸肚（ting5 hung1 dat6 tou5）

意思係指人挺著胸膛，凸出個肚；形容人身壯力強，神氣活現嘅樣。

晚清李寶嘉《文明小史》第一一回：其時兩旁觀看的人卻也不少，有的指指點點，有的說說笑笑，還有幾個挺胸凸肚、咬牙切齒罵的。也作「挺胸疊肚」。

老泥（lou5 nai4）

意思係指人身上皮膚嘅死皮積垢。

晚清魯迅《彷徨肥皂》：她有時自己偶然摸到脖子上，尤其是耳朵後，指面上總感著些粗糙，本來早就知道是積年的老泥，但向來倒也並不很介意。

穿崩（cyun1 bang1）

意思指穿幫，露出破綻；比喻出醜或者洩露底細。

晚清李寶嘉《文明小史》第二五回：他這一去，那話兒就穿崩了，如何使得。

人為財死 (jan4 wai6 coi4 sei2)

全句係人為財死，鳥為食亡。意思係指人為咗追求自己好想擁有嘅金錢同財富，為求達成目的，就連自己條命都可以唔要。

晚清李寶嘉《官場維新記》第十三回：俗語說得好：「人為財死，鳥為食亡。」當時袁伯珍聽得這些說話，便要從此發一宗洋財。

無奇不有 (mou4 kei4 bat1 jau5)

意思係指各種稀奇古怪嘅事物或者現象都有。

晚清吳沃堯《二十年目睹之怪現狀》第九回：上海地方，無奇不有，倘能在那裡多盤桓些日子，新聞還多著呢。

打落水狗 (daa2 lok6 seoi2 gau2)

意思指繼續打擊已經失敗嘅壞人，要令到佢唔可以再死灰復燃。

晚清魯迅《墳論・費厄波賴》應該緩行：至於打落水狗，則並不如此簡單，當看狗之怎樣，以及如何落水而定。

連環圖 (lin4 waan4 tou4)

又叫連環圖畫，意思係指用連續嘅圖畫敘述故事、刻畫人物等通俗讀物。源於一八八四年（清朝光緒十年）《申報》館出版咗隨報贈送嘅新聞連環畫《點石齋畫報》，內容涉及當時嘅時政新聞。後嚟隨著攝影技術發達，呢種形式嘅時效性逐漸消亡。去到一八九九年上海文藝書局出版咗石印嘅《〈三國志演義〉全圖》，係第一部用連環圖畫嘅形式嚟表現文學原著內容嘅作品。連環圖呢個叫法一直使用到一九五〇年代後改為叫連環畫。

敲竹槓 (haau1 zuk1 gong3)

意思係指敲詐錢財嘅陷阱；又指藉端勒索財物，或抬高價錢。

晚清李寶嘉《官場現形記》第一七回：兄弟敲竹槓，也算會敲的了，難道這裡頭還有竹槓不成？

晚清曾樸《孽海花》第七回：若碰著公子哥兒蒙懂貨，那就整千整百的敲竹槓了。

阿貓阿狗 (aa3 maau1 aa3 gau2)

意思係指稱某人或任何人，含有輕蔑嘅意味；又指唔受重視嘅人或者著作。

舊時社會嘅人怕生出嚟嘅小朋友長唔大，就為佢哋改多個乳名，例如阿貓、阿狗、阿豬等。後嚟引申為比喻任何輕賤，唔被重視嘅人。

晚清魯迅《我的第一個師父》：這和名孩子為阿貓阿狗，完全是一樣的意思容易養大。

八國聯軍 (baat3 gwok3 lyun4 gwan1)

呢個係指舊時由八個外國國家組成嚟攻打大清國嘅聯合軍隊，包括俄國、英國、美國、法國、德國、日本、奧匈帝國、意大利等八個國家。

源於一九〇〇年八月十四日（清朝光緒二十六年），八個國家組成嘅聯合軍隊攻入大清嘅首都北京，遞晚呢隊聯軍就已經佔領咗成個北京城，當時就叫「八國聯軍攻打北京」。其實當時由天津攻入北京嘅聯軍部隊只有七國，其中有兩個國只係派出象徵式嘅持旗兵。

無情對 (mou4 cing4 deoi3)

又叫做無情聯、諧對，係一種特殊形式嘅對聯，用唔相干嘅事物做句，但係又要對得工整嚟表現幽默。

無情對，係晚清時期比較流行嘅對聯玩意，有人認為無情對係起源於唐宋之間，創作上採用借義相對嘅手法，要「字對工，意離遠」，以字面上對得越工整，兩句聯嘅意思相離越遠，越顯巧妙有趣。

例子有晚清廣東何淡如嘅無情對：「有酒何妨邀月飲，無錢哪得食雲吞。」

過癮 (gwo3 jan5)

意思係指滿足嗜慾；形容事情出現奇妙同妙趣嘅意思，例如：玩得過癮、辣得過癮。

晚清吳沃堯《二十年目睹之怪現狀》第二二回：老爺要過癮，請回去過了癮再來，在官廳上吃煙不像樣。

PART FIVE

5

古代
流行語

錦衣衛

gam2 ji1 wai6

古代流行語

舊時所講嘅流行語，好多都係嚟自啲古代俗語，包括諺語、歇後語、常用嘅成語，又有名著裡面嘅名言警句、詩文名句、格言警語、歷史典故、外來詞彙等。而「俗語」呢個詞，亦係指喺古代民間流傳嘅講法，開頭都係一啲新用嘅流行用語，有部分經過長時期嘅使用之後而變成一啲慣用語。例如：巴閉、冚唪唥、紅鬚綠眼。

西漢司馬遷《史記》滑稽列傳．附褚少孫補寫嘅《西門豹治鄴》裡面一文：「民人俗語曰：『即不為河伯娶婦，水來漂沒，溺其人民』云。」。喺呢度所指嘅俗語，係表示喺當時民間嘅流行用語、通俗用語。

清朝時期（一六四四—一九一二）

清朝宮室只推行對自己有利嘅漢化措施，而且儘可能保留滿族文化，所有施政文書都係用滿漢兩種文字發佈。由康熙開始推行以儒學為主嘅漢學文化，宋明傳統經典成為包括皇帝在內嘅滿族人嘅必修課。

清朝文學比較多元化，繼明末進一步發展各類小說、戲曲；又因為唔同地區民族互動而出現語言風格多樣化之文學面貌，古體詩、近體詩、駢體文、散文、賦、詞、曲、小說、戲曲等等。由於語言轉變比較微妙，通常都會被人忽視，造成清朝文學缺乏明顯特徵與創造力嘅印象。

刁蠻 (diu1 maan4)

意思係指人嘅脾性調皮刁橫，狡猾蠻橫；不過又有乖巧機靈嘅意思。

清代錢學綸《語新》：予忿嶽田雖俱重價，且負租累累，人又刁蠻，但貧富無常，究緣困迫所致。

陳殘雲《山谷風煙》第二四章：這刁蠻的傢伙，定是偷鴨子的！

把柄 (baa2 beng3)

呢個詞喺唔同時期都會出現當時所想表達嘅意思，例如把持、掌握；憑據、依據、證據；主意、方法；把手，器物嘅握把。

清代夏敬渠《野叟曝言》第九九回：我在赤身，已略得把柄，本擬與四大戶定議，即為剿除。也作：巴鼻、巴柄、巴避、巴壁、笆壁、把鼻、把臂。

十三行 (sap6 saam1 hong2)

又叫廣州十三行或者廣東十三洋行，係指清朝鎖國後，實施一口通商，喺廣州設立對外貿易特區，喺區入面嘅十三家牙行商人嘅稱呼。

源於一七五七年（清朝乾隆廿二年），清廷下令封鎖全國對外口岸，只保留廣州珠江粵海關一帶做對外通商港口，唔准喺大清國其他地方港口經商。廣州嘅洋行就集中喺接近珠江嘅十三行區。十三行區裡頭嘅洋行包括花旗國（美國）、紅毛國（英國）、雙鷹國（奧地利帝國）、單鷹國（普魯士）、黃旗國（丹麥）、法蘭西（法國）、瑞典、荷蘭、葡萄牙、西班牙等國家嘅商行。十三洋行區除咗十三行洋商之外，重有大清官辦嘅商號。

陰功 (jam1 gung1)

意思係指迷信嘅人喺世間所做而喺陰間可以記功嘅事；又指人做咗好事而冇自己去廣揚畀人知道嘅功德；又指喺世間存在可憐同悲慘嘅意思。

清代曹雪芹《紅樓夢》第四七回：薛蟠聽了，叩頭不迭，道：「好歹積點陰功饒我罷！」也稱為「陰德」、「陰騭」。

好馬不吃回頭草 (hou2 maa5 bat1 hek3 wui4 tau4 cou2)

同好馬無食回頭草，又有講為好馬唔食回頭草，比喻有志氣嘅人立志以後，即使遭受挫折，都決意唔會走回頭路。

清代李漁《憐香伴》議遷：多承高誼，好馬不吃回頭草，就復了衣巾，也沒不得這場羞辱。

做架梁 (zou6 gaa3 loeng2)

本意係指起屋嘅受力樑柱，要承擔最主要嘅責任；又可以係指為某人某事出頭，多管閒事嘅意思，例如：「你有幾大本事呀，咁夠膽出嚟幫人做架梁？」

清代高士奇《天祿識餘》撒潑架樑：明時軍中以偵騎四出為撒撥，結營不動為架樑。

狼心狗肺 (long4 sam1 gau2 fai3)

意思係形容心腸好似狼同狗一樣凶狠惡毒；比喻人心腸狠毒，毫無良心。

清代西周生《醒世姻緣傳》第八二回：那劉振白本是個狼心狗肺的人，與人也沒有久長好的。

裝模作樣 (zong1 mou4 zok3 joeng6)

原本係作模作樣，意思係指故意做作扮嘢嘅表現。

清代李光地《榕村語錄》卷三・上論二：顏色似無兩層，然「正」字便與「信」字對，「正」字與「出」字、「動」字不同。人顏色要嚴正些，便像裝模作樣，是不信；要老實直率些，又覺得無肅然整齊之意。

情人眼裡出西施 (cing4 jan4 ngaan5 leoi5 ceot1 sai1 si1)

意思係指喺情人嘅眼裡誰都係完美嘅；形容無論對方係靚係醜，喺情人嘅眼裡都係完美無缺嘅；比喻由於有感情，無論對方外表係點樣，都會覺得對方好靚。

呢句說話喺宋代胡仔所寫嘅《苕溪漁隱叢話後集》裡頭已經有記載。意思係指有情人眼裡，所鍾情嘅女子就好似西施一樣咁靚。而比較有詩意嘅係出自清代黃增所寫嘅《集杭州俗語詩》。

清代黃增嘅《集杭州俗語詩》：色不迷人人自迷，情人眼裡出西施。有緣千里來相會，三笑徒然當一痴。

明朝時期（一三六八—一六四四）

明朝早中期主要嘅官方教育機構係國子監，設有監規同規矩極嚴，喺各府州縣都有儒學培育人才。學習書籍有《大明律》、《大誥三編》、《孟子節文》、《四書大全》、《五經大全》等；民間教育係地方社學，屬於半官方啟蒙學習機構，不過成效唔係好明顯。另外有私塾同家館等，有錢人家請老師教授子弟以求出路。

明代比較出名嘅章回小說有：羅貫中《三國志演義》、施耐庵《水滸傳》、吳承恩《西遊記》、蘭陵笑笑生《金瓶梅》、馮夢龍《喻世明言》、《警世通言》、《醒世恆言》、凌濛初《初刻拍案驚奇》、《二刻拍案驚奇》等。

刁鑽 (diu1 zyun3)

意思係指人乖巧機靈，使人難以應付；又表示奸詐，狡猾。

明．馮夢龍《醒世恆言》喬太守亂點鴛鴦譜：（李榮）為人極是刁鑽，專一打聽人家的細事，喜談樂道。

錦衣衛 (gam2 ji1 wai6)

全稱係錦衣衛指揮使司，係明朝設置嘅一個特務機構，佢哋係直接向皇帝負責。源於明朝洪武十五年（一三八二年），喺原親軍都尉府同所屬嘅儀鑾司基礎上改制而成。其下管轄經歷司、南北鎮撫司、親軍所、馴象所等十四個組織。之後又分為錦衣衛同南京錦衣衛。

幾何原本 (gei2 ho4 jyun4 bun2)

呢個係指一本總結前人智慧所得嘅現代數學基礎嘅著作；又表示幾何嘅中文名稱，就係由此而得嚟嘅。源於明末時期，由意大利傳教士利馬竇同明朝儒學家徐光啟一齊翻譯出，一部古希臘數學家歐幾里得所著嘅數學著作。根據估計喺西方係僅次於《聖經》出版嘅版本最多嘅書。

跳槽 (tiu3 cou4)

原本係指牲口離開現處嘅槽頭到其他嘅槽頭去食嘢；又引申比喻人離開原來嘅工作，另謀高就去其他公司發展。

明・張存紳《雅俗稽言》卷八・人倫・跳槽：魏明帝初為王時，納虞氏為妃，及即位，毛氏有寵而黜虞氏，元人傳奇以明帝為跳槽，俗語本此。

女大十八變 (neoi5 daai6 sap6 baat3 bin3)

呢句原本係指龍女神通廣大，善於變化。之後被借用嚟指女性喺發育成長嘅過程之中，容貌性格、身體特徵嘅變化多端。

明代洪楩《清平山堂話本》花轎蓮女成佛記：從來道「女大十八變」。

清代曹雪芹《紅樓夢》第七八回：老太太挑中的人原不錯，只怕他命裡沒造化，所以得了這病。俗語又說：「女大十八變」。況且有本事的，未免有些調歪，老太太還有什麼不曾經驗過的？

飛天光棍 (fei1 tin1 gwong1 gwan3)

光棍，民間叫佢哋做地痞無賴嘅一類人物，喺元朝已經出現，而喺明清兩代亦都頗為盛行，成為官方對流氓嘅通稱。飛天光棍，意思係指有通天手段嘅地痞流氓。

明．周清原《西湖二集》卷二〇：還有那飛天光棍，妝成圈套，坑陷人命，無惡不作，積攢金銀，此等之人，決有報應。

過河拆橋 (gwo3 ho4 caak3 kiu4)

意思係指人極為自私；又比喻人唔念舊情同忘恩負義。

源於《元史》記載，元順帝要廢除科舉制度，受到監察御史呂思誠反對同彈劾。而當初通過科舉考試入官場升為參政嘅許有王亦表示反對同據理力爭。不過反對無效，更被元順帝故意要許有王喺詔令頒佈時，跪喺文武百官最前面受辱。許有王怕會受禍，只好同意廢除科舉。治書侍御史普化就譏諷許有王：你係通過科舉升官嘅人，依家就要廢除科舉，又跪喺最前第一個，參政可謂過河拆橋者矣！後來過河拆橋就被用嚟比喻人唔念舊情，忘恩負義。

明代宋濂《元史》徹裡帖木兒傳：翌日，崇天門宣詔，特令有王為班著以折辱之。有王俱其禍，免從之。治書侍御史普化消有王日：參政可謂過河拆橋者矣。

生米煮成熟飯 (saang1 mai5 zyu2 sing4 suk6 faan6)

意思係指事情已經成為咗定局，米已成炊；比喻已成為事實，再無法再挽回。

明代沈受先《三元記》遣妾：小姐，如今生米做成熟飯了，又何必如此推阻。

發雞盲 (faat3 gai1 maang4)

意思係指人行路唔帶眼；形容人有夜盲症，夜間視力不清。而雞確實係有夜盲嘅，所以就有發雞盲呢個稱呼。

明代王肯堂《證治準繩》雜病：雞盲，即夜盲症。

槍打出頭鳥 (coeng1 daa2 ceot1 tau4 niu5)

出頭鳥，係指飛喺鳥群前面，或者指最先由個鳥巢裡面將頭伸出嚟嘅雀；意思係形容打擊或排擠對某方面表現突出嘅人；比喻表現突出或者係領頭嘅一個，就容易遭受打擊。

明代無名氏《增廣賢文》：嚴父出孝子，慈母多敗兒。槍打出頭鳥，刀砍地頭蛇。風吹雞蛋殼，財去人安樂。誰言碧山曲，不廢青松直。

棺材本 (gun1 coi4 bun2)

意思係指買棺材嘅本錢；又指出殯埋葬嘅費用。

明代施耐庵《水滸傳》第二四回：乾娘，端的與我說得這件事成，便送十両銀子與你做棺材本。

三腳貓 (saam1 goek3 maau1)

意思係形容某撮人嘅技術水平唔多高，工夫粗淺；比喻學藝未精嘅人。

三腳貓，又有句叫三腳貓功夫，三腳貓係形容某啲人技術水平不高，又用嚟比喻啯啲對某種技藝略知皮毛而又自以為有實力嘅人。

明代陶宗儀《南村輟耕集》：張明善作北樂府《水仙子》譏時雲：……說英雄，誰英雄；五眼雞，岐山鳴鳳；兩頭蛇，南陽臥龍；三腳貓，渭水非熊。

做手腳 (zou6 sau2 goek3)

意思係指人使用詭計，暗中對人玩弄手段，弄虛作假。

明代馮夢龍《警世通言》卷二四．玉堂春落難逢夫：小婦人果有惡意，何不在半路謀害？既到了他家，他怎容得小婦人做手腳？

明代凌濛初《二刻拍案驚奇》卷一七：參將與女兒計較道：「這邊的官司既未問理，我們正好做手腳。」

財散人安樂 (coi4 saan3 jan4 on1 lok6)

呢句係用嚟安慰人遭意外嘅損失時，唔好太難過；又指某人喺千金散盡之後，人先至會停低落嚟。

明代無名氏《增廣賢文》：嚴父出孝子，慈母多敗兒。槍打出頭鳥，刀砍地頭蛇。風吹雞蛋殼，財去人安樂。誰言碧山曲，不廢青松直。

清末民初孫錦標《通俗常言疏證》言語．驢頭不對馬嘴．引《合縱記劇》：我前日算命，說這兩日要破財，今日風吹鴨蛋殼，財去人安樂。

元朝時期（一二七一—一三六八）

元朝統治中原對傳統文化嘅影響，大過對社會經濟嘅影響。以前嘅遼朝、金朝、西夏等嘅王朝，佢哋為咗提升本國文化，會好積極吸收宋代文化而逐漸漢化。而蒙元王朝主要係要維護本身文化，佢哋同時採用西亞文化同埋唐宋文化，而且重提倡蒙古至上主義嚟防止被漢化。

元朝嘅藝術同文學係以庶民為對象嘅元曲同小說為主，當時嘅元曲就比較興盛，對於歷史學亦有研究。不過元朝嘅詩詞創作就少好多，而內容亦都比較貧乏。

狗骨頭 (gau2 gwat1 tau4)

呢個係鬧人嘅說話，意思指人行為卑賤、惡劣。

骨頭，可以指身體嘅支架；又可以比喻人嘅個性；亦可以鬧人品性同儀容差等。而同骨頭有關嘅詞重有：硬骨頭、賤骨頭、豬骨頭、雞骨頭等。

元代無名氏《爭報恩》第二折：呸！不識羞的狗骨頭！這個是你的兒，你的女？惱了我，扇你那賊弟子孩兒。

水盡鵝飛 (seoi2 zeon6 ngo4 fei1)

又有寫水靜鵝飛，呢句嘢係用嚟比喻恩情斷絕，一無所有嘅意思。後嚟又引申形容場面冷清，靜瑩瑩（烏蠅都冇隻）嘅意思。亦有人誤寫成水靜河飛。

元代關漢卿《望江亭》第二折：你休等的我恩斷意絕，眉南面北，恁時節水盡鵝飛。

元代尚仲賢《柳毅傳書》楔子：我則為空負了雨雲期，卻離了滄波會，這一場抵多少水盡鵝飛。也作「水淨鵝飛」。

收科 (sau1 fo1)

意思係指事情到最後嘅完結，表現結尾嘅收場；收唔到科，意思係表示事情埋唔到尾，指事情無法好好地完成而爛尾收場，又叫衰收尾。

源於古代戲劇裡頭角色嘅表演動作結束時嘅用語，又比喻做事完成後嘅收場。另一個係指為打開僵局而從中解說或提出折衷辦法嘅圓場方式。

元代石德玉《曲江池》第四折：想你來迎新送舊多胡做，到今日窮身潑命怎收科。

現代歐陽山《三家巷》十三：兩家都做得絕了，這戲就成了真事，沒有別的法兒收科了！

打邊爐 (daa2 bin1 lou4)

意思係指煮食嘅一種方式，係一班家人或朋友圍埋一齊煮嘢食，將生食物放落滾水或者湯裡面，焓熟或焯熟嚟食。

元代呂誠《來鶴亭集》南海口號六首·其五：炎方物色異東吳，桂蠹椰漿代酪奴。十月煖寒開小閣，張燈團坐打邊爐。

廣東《恩平縣志》：十一月冬至，作粉丸祀祖。食鱠為家宴，以腥膻臘味雜烹，環鼎而食，謂之打邊爐，即東坡所謂「骨董羹」也。凡遇天寒，召客皆用之。

千金小姐 (cin1 gam1 siu2 ze2)

意思係指舊時嘅官宦人家，或者富裕有錢人家嘅未婚女仔。

源於古時將富貴人家嘅未婚女子稱為千金小姐，之後含義已經擴展至所有未婚女仔。秦朝用一鎰為一金，漢朝用約廿六両金為一金。秦漢時期所講嘅金多數係指黃銅，千金實際係銅千金，係後人借千金以言貴重。之後喺社會上漸漸就將未婚女仔專稱為千金小姐。

元代張國賓《薛仁貴榮歸故里》第四折：你乃是官宦人家的千金小姐，請自穩便。

趕頭香 (gon2 tau4 hoeng1)

意思係指搶住去上到開年嘅第一炷香。

源於舊時喺正月初一子時，廟宇會打開大門嘅一刻，民眾都會爭先恐後搏命咁向前衝、搶上第一炷香，就係要搶到之後成年嘅好運，同神明保佑嚟緊一年嘅興旺。

元代劉唐卿《降桑椹》第二折：為因上廟燒香去，我趕頭香，起的早了些兒。

三姑六婆 (saam1 gu1 luk6 po4)

呢個係指舊時婦女嘅九種職業；形容舊時被視為係唔高尚嘅職業婦女；後嚟又引申用嚟比喻喜歡諸事八卦同搬弄是非嘅女人。

元代陶宗儀《南村輟耕錄》三姑六婆・卷一〇：三姑者，尼姑、道姑、卦姑也。六婆者，牙婆、媒婆、師婆、虔婆、藥婆、穩婆也。

明代凌濛初《初刻拍案驚奇》卷六：話說三姑六婆，最是人家不可與他往來出入。

清代李汝珍《鏡花緣》第一二回：況三姑六婆，裡外搬弄是非，何能不生事端？

馬後炮 (maa5 hau6 paau3)

意思係指唔及時嘅舉動，事後先至做出評論嘅行為；表示事情已成定局之後先至提出意見或者辦法；比喻事後採取措施亦無濟於事。

元代無名氏《隔江鬥智》第三折：大哥須要計較此事，不要做了馬後炮，弄的遲了。

三長兩短 (saam1 coeng4 loeng5 dyun2)

呢句據聞原意係指說長道短，類似噏三噏四嘅意思；之後又被人用嚟比喻意外變故，通常都係指意外死亡。

元代無名氏《驀山溪·不如歸去》詞：不如歸去，作個清閑漢。著甚來由，惹別人、三長兩短。天公許大，何處不容身，且謾著，有生涯，試待尋思看。

明代範文若《鴛鴦棒恚剔》：我還怕薄情郎折倒我的女兒，須一路尋上去，萬一有三長兩短，定要討個明白。

宋朝時期

（九六〇——一二七九）

宋朝文人地位得到提升，重文輕武嘅風氣去到極致，有「做人莫做軍，做鐵莫做針」、「滿朝朱紫貴，儘是讀書人」等俗諺出現。當時理學為主意識、言論控制降低、人民文化興起、商品經濟繁榮，重有印刷術發明等，令宋朝知識分子自覺意識提高。陸游喺《呂居仁集序》裡頭亦認為：「宋興，諸儒相望，有出漢唐之上者。」

詞，係宋代文學嘅標誌性體裁，根據唐圭璋編著、孔凡禮補輯嘅《全宋詞》記載，喺宋代嘅詞人有成一千三百卌家，作品同殘篇總計都超過兩萬零四百首。

遞年 (dai6 nin4)

意思係指下一年，依次序一年接一年。

宋代洪邁《夷堅丙志・朱氏蠶異》：湖州村落朱家頓民朱佛大者，遞年以蠶桑為業，常日事佛甚謹，故以得名。

帶挈 (daai3 hit3)

意思係指攜帶、帶領；又指提攜，照顧，順帶。

宋・京本通俗小說《錯斬崔寧》：奴家爹娘也在褚家堂左側，若得哥哥帶挈奴家同走一程，可知是好。

元・楊顯之《瀟湘雨》第一折：姪兒，則願你早早成名，帶挈我翠鸞孩兒做個夫人縣君也。

巴閉 (baa1 bai3)

意思係形容人有能力、有本事；又有顯赫、光彩、成就輝煌嘅褒義；不過有時會略帶貶義，有時又會帶有諷刺嘅意思。

傳聞巴閉呢個詞原本係中東至印度半島之間嘅地方語言Bapreb嘅音譯，意思類似呼天（「天呀！」），Bapreb呢個詞喺唐代已經出現，又喺宋元時期至現在，曾經變音為巴臂、巴鼻、巴貝、把背、巴避、巴閉等詞彙，不過各詞義略有唔同。而巴閉呢個詞亦成為一個通用語，留低喺廣府話裡頭。

巴臂 (baa1 bei3)

意思係指證據、根據。義同：巴鼻、巴避、把柄。

宋朝時期《京本通俗小說》錯斬崔寧：那府尹喝道：「胡說！這十五貫錢，分明是他丈人與女婿的，你卻說是典你的身價，眼見沒巴臂的說話了！」

胡言亂語 (wu4 jin4 lyun6 jyu5)

呢句嘢嘅意思係指講嘢冇根據，講唔實際嘅說話；或者係指講胡人嘅話；同廣東話講嘅亂噏廿四差唔多。

宋代釋普濟《五燈會元》卷十六：一個說長說短，一個胡言亂語。雖然如是，放過一著。

掛羊頭賣狗肉 (gwaa3 joeng4 tau4 maai6 gau2 juk6)

又有寫懸羊頭賣狗肉，意思係形容喺舖頭前掛嘅係羊頭嚟做遮掩，而實際係賣狗肉嘅壞事；比喻人或事物表裡不一，有欺騙矇混嘅意思。

宋代普濟《五燈會元》卷十六・元豐清滿禪師：有般名利之徒，為人天師，懸羊頭賣狗肉，壞後進初機，滅先聖洪範。你等諸人聞懲麼事，豈不寒心？

嫁雞隨雞，嫁狗隨狗 (gaa3 gai1 ceoi4 gai1 gaa3 gau2 ceoi4 gau2)

古代禮教認為女子喺出嫁之後，無論遇到任何困難情況，都要同丈夫和諧共處，樸樸實實咁遵守婦道，長相廝守。

呢句嘢據聞係源自民間俗諺「嫁稀隨稀，嫁叟隨叟」，意思係指即使嫁畀乞兒或者嫁畀年紀大嘅人，都要跟隨佢一齊生活過日子，亦有嫁雞隨雞嫁狗隨狗、嫁乞隨乞嫁叟隨叟嘅講法。

宋代莊季裕《雞肋篇》：嫁得雞逐雞飛，嫁得狗逐狗走。

幾時 (gei2 si4)

本義係指何時；乜嘢時候。意思係指疑問一件事情發生嘅時間，例如「我幾時有講過呢句嘢？」「你幾時出發去火星呀？」；同類型嘅詞重有：幾點、幾耐、幾何。

宋代蘇軾《水調歌頭》：明月幾時有？把酒問青天。

五代十國時期
（九〇七—九七九）

五代時期政局比較混亂，戰亂頻頻、儒學衰退，唔少士人百姓轉去搵宗教上嘅安慰。當時宗教又趨向崇道貶佛，不過佛教就喺南方繼續發展。五代文化主要表現喺印刷事業發展、火藥喺戰場上出現、詞嘅興起等。由於南方比北方富庶安定，所以喺五代時期嘅文學、繪畫、金屬工藝、浮雕、紡織、陶藝等都係盛行喺南方地區。

大食 (daai6 sik6)

唐代以來對阿拉伯帝國嘅稱呼，係阿拉伯半島上阿拉伯人喺中世紀創立嘅統治伊斯蘭教穆斯林國家，由哈里發統治嘅帝國。

唐代以來嘅歷史書，例如《經行記》、《舊唐書》、《新唐書》、《宋史》、《遼史》等，都叫佢做「大食」。阿拉伯帝國，包括正統哈里發時期、烏邁耶王朝、阿拔斯王朝三個時期。帝國最強盛時期疆域由東面嘅印度河邊境，西面由北非沿岸至大西洋摩洛哥，一個地跨亞、歐、非三洲嘅大帝國。

猛火油 (maang5 fo2 jau4)

呢個係古代使用石油嚟做戰爭用途時所叫嘅稱呼。

宋代歐陽修《新五代史》楊密傳記載：後梁末帝貞明三年，吳王楊隆演派使者給契丹主送去猛火油，「攻城，以此油燃火焚樓櫓，敵以水沃之，火愈熾」。

圍田 (wai4 tin4)

又叫圩田，係古代農民發明嘅改造低窪地、向湖爭地嘅造田方法。傳聞喺春秋時期，農民利用堤防防治窪地。吳國喺固城湖畔築圩，越國喺淀泖湖濱圍田。圍田嘅基本營造方法係：喺淺水沼澤地帶或河湖淤灘上圍堤築壩，將田圍喺中間，將水擋喺堤外；圍內開溝渠，設置涵閘，有排有灌。圩堤多數係封閉式，亦有喺兩端適合地形嘅非封閉式。

眼中釘 (ngaan5 zung1 deng1)

意思指眼中極為憎惡而急於除去嘅事物；亦比喻人心上所痛恨嘅人。宋代歐陽修《新五代史》卷四六．雜傳．趙在禮傳：在禮在宋州，人尤苦亡；已而罷去，宋人喜而相謂曰：「眼中拔釘，豈不樂哉！」

人死留名

(jan4 sei2 lau4 meng2)

全句係豹死留皮，人死留名。意思係指人喺生前要努力經營，要好好去建立功名功績，就算喺人死之後都可以傳名後世；比喻人死後當有美名留傳後世。

宋代歐陽修嘅《新五代史》卷三十二．死節傳．王彥章傳中：彥章武人不知書，常為俚語謂人曰：豹死留皮，人死留名。其於忠義，蓋天性也。

唐朝時期

（六一八—九〇七）

唐代前期學術思想主要係繼承魏晉南北朝嘅儒學，而唐代嘅生活文化又滲入好多北方遊牧民族嘅胡風，包括胡樂、胡服、胡食等盛行嘅時代，係流行喺唐代社會各階層非漢族嘅風俗習慣。唐代女性嘅地位比較之前嘅朝代高，喺當地嘅服飾中都可以體現到。貴族同宮廷女人多數係半裸胸嘅寬鬆羅裙，例如同石榴萃取物染色嘅石榴裙。

唐朝文學成就以詩歌最為盛名，根據清代群學所編嘅《全唐詩》記錄，總共收錄咗兩千兩百幾位詩人嘅四萬八千九百幾首詩，而且重未係所有全部。另外，西域外族傳入嘅文化風氣同語言，亦對唐代嘅流行用語影響深遠。

冚唪唥 (ham6 baang6 laang6)

意思係指一切、通通、全部、所有、個個、統統、冇一例外等；又有寫咸不剌、咸不論、咸辦難、闔不剌等。

根據國學大師饒宗頤嘅考證，冚唪唥呢個詞係源自古代嘅波斯話，經由拜火教教徒喺唐代時期傳入中原嘅。不過，亦有一啲學者另有唔同嘅觀點，佢哋認為呢句嘢可能係出自洋涇浜英語，或者係吳語、官話、蒙古話，又或者係土著底層詞、粵語本源詞等，總而言之就各有各解釋。

拜倒石榴裙 (baai3 dou2 sek6 lau4 kwan4)

石榴裙，係指大紅裙，即係朱紅色嘅裙，又叫血色羅裙；又會用嚟比喻女子。而拜倒石榴裙，係比喻男子對女子崇拜傾心嘅迷戀。

唐代武則天《如意娘》詩：不信比來長下淚，開箱驗取石榴裙。

張恨水《巴山夜雨》一三章：我原來是學體育的。十來二十歲的時候，真是合乎時代的健美小姐，多少男子拜倒在石榴裙下。

有頭無尾 (jau5 tau4 mou5 mei5)

意思係指人做事只有開頭而冇收尾；形容人未有將事情做完；形容做事未能貫徹到底。

唐代釋慧然《臨濟慧照禪師語錄》：此人只事有頭無尾，有始無終。

宋代黎靖德《朱子語類》卷二九・論語・公冶長下：雖與聖賢中道不同，然畢竟是他做得一項事完全，與今學者有頭無尾底不同。

金叵羅 (gam1 po2 lo1)

原本指金製酒器，指珍貴器具；借喻為極受寵愛嘅男仔或者男孫。

唐代李百藥《北齊書》卷三九・列傳・祖珽：後為神武中外府功曹，神武宴僚屬，於坐失金叵羅，竇泰令飲酒者皆脫帽，於珽髻上得之，神武不能罪也。

得意 (dak1 ji3)

意思指稱心如意或者引以自豪；又指可愛，令人鍾意。

唐代孟郊《登科後》詩：春風得意馬蹄疾，一日看盡長安花。

得閒 (dak1 haan4)

意思係表示閒暇，有空閒時間。

戰國《晏子春秋》雜下二八：異日朝，得閒而入邑，致車一乘而後止。

唐代韓愈《東都遇春》詩：得閒無所作，貴欲辭視聽。

遞日 (dai6 jat6)

意思係依照次序一日接一日嘅意思；係指今日之後嘅一日，係未來日子嘅一部分。

唐代李延壽《南史》袁粲傳：時粲與齊高帝、褚彥回、劉彥節遞日入直，平決萬機。

耳邊風 (ji5 bin1 fung1)

意思係指耳邊嘅風；後比喻對所聽到嘅事毫無關心。另外又有「秋風過耳」，指秋風由耳邊吹過，比喻漠不關心、毫不在意；「馬耳東風」就指東風吹過馬耳邊，瞬間消逝，比喻充耳不聞、無動於衷。

唐代杜荀鶴《題贈兜率寺閑上人院》：百歲有涯頭上雪，萬般無染耳邊風。也作「耳旁風」。

拜五臟神 (baai3 ng5 zong6 san4)

又叫祭五臟廟，意思係指人肚餓，要填飽個肚。

五臟神，據聞起源於道教學說，傳說喺人身體嘅五臟各有神主，即心神、肝神、脾神、肺神、腎神，合稱為五臟神。

唐代戴孚《廣異記》：鄭齊嬰，開元中途次華州，忽見五人，衣五方色衣，詣廳再拜。齊嬰問其由，答日：是大使五藏神。

PART SIX

6

潮語同新詞嘅分別

潮語同新詞嘅分別

有人認為「潮語」同「新詞」係兩樣唔同嘅用語，所以就指有好多人將潮語（流行語）同新詞（新創詞）撈亂，其實佢哋兩個究竟又有咩唔同？

新詞（san1 ci4），係指喺某種語言或語種入面，喺最近時期出現嘅新詞彙或者新原創詞組，可以係同當地嘅特定人物、出版刊物、時期事件有關嘅。新詞又可能係舊詞嘅重新組合、稍為加上一啲變化，例如係諧音同縮寫，或者喺特定語義修辭手法選寫形成，又或者係引入其他語言或者專業用詞。呢啲新詞通常會反映新嘅發明、新嘅現象或者新嘅事物，同新嘅文化背景好有關連。而喺每年都有好多新詞產生，字典、辭典都會經常有更新同收錄各類嘅新詞。

潮語（ciu4 jyu5），又稱為潮流語、潮流用語，係千禧年後嘅講法，早期嘅就叫流行語、流行用語，係指跟隨時代潮流，有認同意思同好熱門嘅民眾使用語，可以係新產生嘅詞或語句，又可以係原有嘅詞或語句。通常係指大部分經歷由盛轉衰至到銷聲匿跡嘅過程都係好短時間之內，只有好少部分可以長期被大眾使用而成為慣常用語。潮語，係源自啲後生仔女自創同使用嘅俚語，或者係網語；係一種非官方場合所使用嘅用語，唔受任何限制去表達同使用。

其實潮流用語／潮語係當時期興起嘅一種文化用詞，可以嚟自任何地方、任何語言、任何詞組，包括新嘅同舊嘅詞彙。新詞通常會係有主要目標同目的或意思主題內容嘅用詞；而潮語就冇任何限制，完全係自由發揮。呢啲潮語可以係小眾使用，亦可以係大眾通用嘅說話同詞語；可以係文化嘅創作，亦可以係經過媒體引申出嘅認同。

不過，比較多媒體認為潮語係源自啲後生仔嘅女自創同使用嘅俚語，或者係網語，其實喺唔同年齡層嘅人、唔同文化程式嘅群體，都會有佢哋嘅潮語產生。而比較年青嘅群體同媒體又認為潮語係一種非官方場合使用嘅用語，而當官方機構或團體文件上出現有關嘅潮語嗰陣時會引起好多唔同嘅批評，又成為一時嘅社會話題。

而喺世界各地唔同語言文化用嘅潮語，經過人類無限創作成為唔同嘅文化作品，又通過各地唔同媒體嘅傳播，再成為一種無語言文化界限嘅潮流用語。例如「草泥馬」同「忽悠」，佢哋原本係東北話粗口嘅諧音，同英文粗口嘅東北話音譯，之後經過創作成為唔同嘅話題，又通過唔同嘅網上社交平台傳播，就成為各地華人無語種界限嘅潮語。

兩字潮語

(loeng5 zi6 ciu4 jyu5)

呢個係中文入面由字成為詞嘅一種組合模式，最基本嘅由兩個中文字組成。表達嘅意同義都好廣泛，可以係嚟自字詞嘅諧音、外語嘅譯音、句子嘅縮寫、字面嘅意譯等等。

蝕桌	搞嘢	上腦	姑媽	扒房	豬扒	麻甩	撻著	噴飯
滴汗	扮蟹	淆底	舐嘢	瀨嘢	升呢	潮童	潮文	喪嗌
潮爆	頹爆	⿰火羅爆	插爆	慶生	打柴	型棍	政棍	好索
娘屎	吉屎	溫女	沒女	腐女	剩女	鎅女	寸嘴	串嘴
三跑	九叔	十卜	契鈎	菊花	葡萄	粉絲	鏡粉	人粉
硬膠	腳膠	乞膠	包膠	左膠	派膠	派醜	膠劇	膠遊
力場	揩爬	水分	水怪	嚫界	港喱	醫鬧	牌頭	私煙
萬四	加持	熱狗	籮毛	方丈	腦殘	狗衝	手殘	劇透
犬決	自隊	車震	坑爹	出櫃	挑機	屈機	應機	熄機
洗腦	抽水	射波	笠水	斷片	走數	發圍	彈鐘	搲撈

大台	虎媽	毒舌	甜故	阿寶	炫技	恐同	投共	跟隊	籌期
廢青	偽娘	暗交	霸氣	素人	失聯	課金	洗版	沉船	曬女
廢中	港漂	私片	語癌	偽人	燥底	儲氣	約炮	跳掣	潛水
廢老	亮點	裸聊	囧樣	神級	彈起	露暈	入血	戀殖	收兵
廢墩	下架	頹飯	辣妹	神器	離地	找數	爆技	頂癮	收皮
廢渣	邪釘	土豪	龜速	神劇	飲大	炒散	爆房	吹雞	反皮
梗局	雞模	河蟹	鬼故	神回	食滑	返祖	爬文	吹水	撻皮
慈母	貧乳	炮兵	本土	毒男	奔三	補腦	轉珠	吹神	離罩
野生	官威	恩主	本尊	西面	小三	掃街	剪布	入谷	甩轆

照騙	文青	篋神	單機	洋腸	殘孩	秒殺	偷跳	血拼
爆趣	暴走	快叉	快閃	獨醒	惡搞	翻啅	無碼	加油
妹釘	飛釘	朝女	慎入	內交	圍揼	旅霸	勇武	包容
抄考	借轉	攬炒	堅抽	手遊	面交	推特	賣萌	陽康
陽過	少癲	大癲	巨癲	啱呀	自肥	前妻	前夫	脫單
世一	白供	白卡	綠卡	受插	摺埋	符碌	港女	港男
咕哩	少柄	踎墩	踎街	鑊鱸	抽掅	呣型	嘥氣	晒唥
濕滯	符抶	孭鑊	孭飛	掟煲	甩拖	吹脹	執笠	喼咈
釘蓋	戙企	斬纜	生癪	高竇	夠薑	坨地	無癩	港仔
港妹	腦霧	港燦	勿尤	鮮肉				

三字潮語 (saam1 zi6 ciu4 jyu5)

呢個係中文裡頭嘅一種表達形式，比兩個字嘅潮語清晰一啲，有目的一啲嘅表示。舊時多數用喺一啲啟蒙詞彙教材，好似一啲童謠《菊花園》、《去打仗》，幼學《三字經》呢種。

斯巴達
叉卵住
愛字堆
五十路
皮爾修
啪啪啪
反應彈
呃蝦條

癡蝦殼
搬龍門
出老解
打大佬
打老飛
真心膠
花生友
五毛黨

中伏鳥
小學雞
貼牌貨
洋垃圾
低頭族
政治宅
一男子
貴子仔

金魚腦
豬隊友
美魔女
辦事人
首投族
曲到圓
普教中
你懂的

輪流感
巧京京
肯肯定
巧滾動
香港化
脫北者
大檸樂
反水軍

真心嬌
流岷青
天然呆
散水餅
懶人包
厚多士
重口味
飛卜推

點部署
絕絕子
幫緊你
打你咩
攞命咩
哈密瓜
賣飛佛
牛餐肉

笑爆嘴
張中和
火星文
唔知埞
小路寶
發啦你
毛離頭
金三順

屈到直
豬隊友
神經病
捽老泥
脷疊脷
揸流攤
僝仔強
釣泥鯭

照田雞
茄喱啡
香爐躉
睩大眼
山旮旯
撍烏龜
車大奅
執包袱

放葫蘆
白鴿眼
白鴿籠
攞嚟賤
搵衫尾
兜巴星
打籠通
燉冬菇

暗啞底
搲著數
馬騮戲
鄙視你
好得意
扮蒜頭
死仔包
塞竇窿

冚包散
耳邊風
卡哇伊
依吖吓
黐膠花
發噏瘋
發爛渣
揸軚人

老媽子
大姨媽
淥死你
放飛機
浩劫灣
姜濤灣
觀音兵
快啲啦

大個咀
大面膜
扭紋寶
小宇宙
大雨雲
路邊雞
粵野菜
大表多

拜拜肉
天殘腳
維尼熊
瑪利空
黑神話
百葉窗
事業線
煲冬瓜

爛茶渣
崩口碗
無奶油
戒鹽令
大蒜令
大薑令
落地獄
破地獄

是非地
無須問
變咗心
都未知

四字潮語 (sei3 zi6 ciu4 jyu5)

呢個係中文裡頭好常見嘅表達現象，多數用喺人嘅說話同文章入面，又可以隨意拆散，隨意組合嚟用。舊時多數會用喺文言文嘅寫作裡頭，好似俗語、成語、《千字文》、《百家姓》之類。

躺著中槍　港生寶寶　新香港人　殖民主派　李氏力場

仆街磁石　丁蟹效應　特區城管　老老豆豆　和理非非

紅都面晒　燶西錫唇　光明磊落　跟車太貼　深耕細作

高分低能　絕對領域　人肉起底　七七物物　咩係越位

真空散步　師傅愛你　壞過凱婷　係咁先啦　見字飲水

神愛世人　窒頭窒勢　躝屍趌路　睄佢幾眼　抆頭埋牆

阿吱阿咗　車頭革命　亂晒大籠　蹙眉弄眼　唔見緊橛

雞啄唔斷　腌尖腥悶　老貓燒鬚　冇厘搭霎　打羽毛球

九龍城寨　樹大招風　行快啲啦　三山大王　十一支梅

十三太補　竄得去邊

五字潮語

(ng5 zi6 ciu4 jyu5)

喺中文裡頭，五個字以上組成嘅都可以成為一個句子，已經可以表達出一個比較完整嘅意思出嚟。舊時多數會用喺啲格律詩入面，好似五言律詩、五言絕句、七言絕律、九言絕詩等等。

地獄黑仔王　跌嘢唔好搵　師傅保護你　耶穌打救你

知我咩料啦　番鬼佬月餅　水仙唔開花　外甥打燈籠

白灼定青蒸　打櫼唔排隊　條氣唔啹囉　間屋好罨耷

腦囟未生埋　擗咗啲爛嘢　揞實個荷包　推冧呢埲牆

靚到㶶一聲　摢手唔成勢　啲啲咁多多　有排你閉翳

畀我𥄫到囉　想氹我落搭　豆腐火腩飯　蘿蔔牛筋腩

廟細燈籠大　發軟蹄躀低　擸低條鎖匙　花被冚雞籠

無事獻慇懃　禾稈冚珍珠　含笑半步釘　大力保濟丸

一日冚包散　男人的浪漫　不想隱瞞鳥　紅不過羅湖

傻仔先晉級　有請小鳳姐　請你繼續吹　黃皮樹了哥

六字潮語 (luk6 zi6 ciu4 jyu5)

- 永遠懷疑哥哥
- 碌葛咁戙喺度
- 抝起心肝做人
- 撳錫下啲嘢啦
- 玫瑰花好多竻
- 雞毑咁大隻字
- 單眼仔睇老婆
- 醉酒佬數街燈
- 白雲山一擔泥
- 無鼻佬戴眼鏡
- 咁點會唔心悒
- 殯儀館大減價
- 啲吖佬跌利是
- 斬腳趾避沙蟲
- 年三十晚謝灶
- 肥過部電單車
- 謎底已經解開
- 我接受唔到囉
- 你哋感覺到嗎
- 你係咪嬲我呀
- 鼓勵性質說話
- 塞車因為車多
- 雞全部都係雞
- 你咪當我流嘅
- 全香港靚女多
- 迷戀雲蘿公主
- 釣人今晚食飯
- 你返邊間教會
- 五月花號傳說
- 蘇絲黃的世界
- 氹得大家開心

七字潮語 (cat1 zi6 ciu4 jyu5)

你啲答案好听囉	架車扽到籮柚痛	畀車瀄到周身濕
頭髮長到落膊頭	咪擜住我睇電視	偷雞唔到蝕楂米
狗上瓦桁有條路	豉油撈飯整色水	呢啲嘢我唔識嚿
你整到我呀死佬	分手嘅最高境界	請你離開議事廳
英文是要咁讀的	足球係我嘅朋友	坎坷過後有艇搭
我會做好呢份工	我平時好少咁喋	一個字講晒唔得
何家公雞何家猜	講還講唔好貼圖	獨腳烏鴉搵食難
當飛機撞正紙鷂	多情自古空餘恨	此恨綿綿無絕期

八字潮語 (baat3 zi6 ciu4 jyu5)

阿姨我不想努力了
雞[illegible]咁密都菢出仔
牛噍牡丹暴殄天物
痴痴呆呆坐埋一枱
如何令大家相信你
完全解決失業問題
唔見觀塘唔流眼淚

刁蠻小姐捩橫折曲
香港的塘西有段古
屙屎唔出就癩地硬
嚟自唔同年代嘅你
英文名唔可以亂改
你哋唔係嘘我吖嘛
有時真係忍唔住笑

我藹緊臊孲仔食奶
飛機撞紙鷂得咁橋
讚人靚嘅最高境界
諗嘢就唔好食飯啦
我唔慣空肚食早餐
七日不見如隔一周

九字潮語（gau2 zi6 ciu4 jyu5）

你估買餸菜咁簡單呀	你信唔信我揼你頭殼
你哋一人少句遁手啦	正一枕頭木虱包咬頸
踩人唔靚嘅最高技巧	熱烈地彈琴熱烈地唱
點解分手總要係雨天	拍咗先剪咗先上咗先
崩口人前忌食崩口碗	好重要所以要講三次
那個無窮無盡的人生	到底今夜你會不會來
香港運動員唔係臘鴨	無論你遇見過任何人
簡單嘅事就唔好化大	有啲人嘅毅力好驚人

十字潮語 (sap6 zi6 ciu4 jyu5)

是福不是禍是禍躲不過	夜晚食青瓜唔知頭定尾
睇你份工都係唔噉摮啦	喺我嘅記憶中我冇講過
你感覺到嗎佢嘅小宇宙	口裡說不身體卻很誠實
餓死芹菜頭飽死荷蘭豆	少壯不努力屎都冇得食
對顧客嘅要求來者不拒	沒有最好的只有更好的
好狗唔攔路好貓唔瞓灶	大家都要開心都要快樂
唔通連個天都唔鍾意我	大魚食細魚細魚食蝦米
你都係講番廣東話罷啦	年輕人總有自己嘅理想

十一字及以上潮語 (sap6 jat1 zi6 kap6 ji5 soeng6 ciu4 jyu5)

畀隻挪亞方舟你都走唔甩

跪地篩豬乸都係睇錢份上

我知道而家係個大好時代

開心嘅時候係過得特別快

我揀咗部發錯音嘅電子字典

人類總係會重複同樣嘅錯誤

或許匆匆一生中要與你相聚

而家你會睇到新生命嘅誕生

多謝曾經同我發生過關係嘅人

我犯嘅係所有男人都會犯嘅錯

習慣了每晚要吻過你再去安睡

希望係可以永遠不斷延續落去

今時今日咁嘅服務態度係唔得㗎

如果唔係我喺度你一早就玩完啦

你的樣子如何你的日子也必如何

唔好忘記堅守我哋獨有嘅一顆心

PART SEVEN

7

香港潮語著作

廣東話通曆

香港潮語著作

當年可能曾經流行一時嘅俗語、俚語、成語、諺語、潮語等等，到咗今時今日都可能變成歷史陳跡，甚至係銷聲匿跡。有部分可能會喺一啲書籍或者網絡上見到，藉住佢哋去追尋舊時潮流時興嘅歷史痕跡。根據古代嘅要求，著作係專指創造性嘅文章，前人未有闡發過或未有記載過嘅文章或者書籍，又因為係針對某一項專門題材而寫嘅，所以又叫做專著。

潮語書籍

喺香港出版嘅潮語著作，通常係用文字嚟解釋同表達新意見、新知識、新流行嘅思想感情等嘅作品，內容通常會專門收錄當時比較新同流行嘅潮流用語。呢類潮語著作多數以文字講述意思同部分歷史來源，亦會加埋粵語拼音同埋例句，有少部分重會有中英對照、圖文並茂嘅製作。

《青年次語言字典》

作者：邵家臻、張俊聲

出版：香港政策透視（香港二〇〇五年）

呢本書收集咗八十三個關鍵俗字，借用字典嘅形式嚟介紹，想令人去思考一下咩係次語言、字典文化。

《中國潮語通識》

作者：王若愚

出版：生活書房（香港二〇一一年）

呢本書共有五章，分為：日常生活類、網絡火星類、政治諷刺類、婚姻兩性類、職場隱語類等，收集咗過百個當代最時髦、最經典嘅流行語，介紹本源同資料解說。

《潮語大教訓》

作者：朱薰

出版：萬里書店（香港二〇〇八年）

作者有感時下年青人只識得潮流用語，而忽略咗書面白話文深感可惜，所以撰寫呢本書。佢想提醒年輕讀者，除咗日常所用嘅潮語之外，其實重有另外一啲表達方式，亦都係大眾接受嘅。

《潮語看中國》

作者：葉冠霖

出版：天地圖書（香港二〇一一年）

呢本書介紹一啲中國潮語，好多係用嚟表達同反映一種特殊嘅社會現象。嗰啲潮語嘅意思同解釋又有啲令人出乎意料。

《香港潮語話齋》

作者：彭志銘
出版：次文化堂（香港二〇一二年）

作者專門研究香港通俗文化，想讀者喺了解同明白潮語之外，亦有解構潮語嘅來源同形成因由，介紹本地歷史文化嘅演變。作者認為對於一啲潮語嘅正確來源，要有人整理其有關資料，留畀後人參考。

《香港啜核潮語爆笑金句王》

作者：超媒體編輯部
出版：超媒體（香港二〇一五年）

呢本書收錄咗過百條地道嘅香港啜核金句、醒神潮語、抵死笑話等。只要你曾經喺香港存在過嘅話，有啲笑話你都一定覺得格外熟悉。

《講開有段古：老餅潮語》

作者：蘇萬興
出版：中華書局（香港二〇一四年）

呢本書收集咗一百廿七個有趣嘅廣東俗語故事，源於民間傳說、市井生活、歷史故事、傳統文化等等，內容顯示出廣州話嘅深長意味、抵死啜核。之後亦出版同名系列嘅作品，包括二〇一五年《老餅潮語二》、二〇一六年《老餅潮語三》、二〇一八年《老餅潮語IV》等。

《當小鮮肉遇上美魔女》

作者：Aman Chiu
出版：一丁文化（香港二〇一六年）

呢本書算係一本兩文三語嘅廣東俗語手冊，以新潮、輕鬆、幽默嘅手法嚟介紹時下流行嘅用字同俗語。書裡面特別收錄咗啲香港潮語同埋網路熱詞，有解釋字義，亦有介紹佢哋嘅普通話同英文嘅講法。

《通學：一書讀通・廣東話俗語》

作者：廣東話資料館

出版：亮光文化（香港二〇一八年）

答完「廣東話係唔係你母語？」呢條問題後，再問問自己，你對廣東話認識有幾多有幾深？呢本書收集咗好多唔同時代嘅俗語、俚語、成語、諺語、術語、歇後語、流行語、潮語等等，令讀者更了解多啲廣東話嘅文化同歷史，同認識同認識廣東話更有趣嘅地方。之後喺二〇一九年、二〇二〇年、二〇二一年、二〇二三都有增加內容嘅增修版本出版。

《潮語有故事》

作者：賴海暉

出版：童藝少兒文化（香港二〇二二年）

呢套書共有五冊，根據唔同主題介紹日常使用頻率高嘅成語、典故、俗諺或流行語。分為：多彩典故篇、民俗處世篇、節日文化篇、山海地理篇、禮儀人際篇。每冊涵蓋五個章節，五冊共詮釋二百五十個詞語背後嘅故事。

潮語有故事

潮語學習卡

係一種抽認卡或者閃卡類型嘅輔助學習嘅教材，通常會收錄當時香港比較新同流行嘅潮流用語。呢類潮語卡多數都會係中英對照、圖文並茂，重加埋拼音同例句。

《香港潮語學習字卡》

作者：蘇真真

出版：kubrick（香港二〇〇八年）

呢套學習卡收錄咗香港比較新同流行嘅潮流用語，圖文並茂、中英對照，重附有粵語拼音同埋例句，用比較輕鬆嘅方式感受香港年青一代嘅語言文化。之後喺二〇〇九年Tomart公司又出版咗第二輯《香港潮語學習字卡・貳》，隨卡附上一本《潮語學習手冊》同埋一副安樂棋。

《高登神獸卡》

作者：糊手然塗

出版：CUP（香港二〇一一年）

又叫高登神獸戰，係高登討論區會員「糊手然塗」受大陸嘅網絡十大神獸啟發，基於日本動漫《寵物小精靈》、《遊戲王》等遊戲卡嚟做藍本，又以一啲網路術語同香港事件而創作嘅一系列作品。之後因為第一代同第二代神獸戰喺網絡受歡迎，而網上另有出現仿傚作品，所以糊手然塗又繼續創作第三代同第四代作品。

《廣東話通曆》

作者：廣東話資料館

出版：亮光文化（香港二〇二二年）

呢本日曆收集咗一啲有生活、有活力、好地道、最叫香港人會心微笑拍案叫絕嘅廣東話，結合日曆，數住日子。三百六十五日，每日一個廣東話，可能係識讀唔識寫嘅用詞，或者係上一輩好熟但新一代唔知點解嘅歇後語，或者係一啲周不時會聽到嘅廣東話用語。每日都有字詞讀音、解釋、字源或辭源資料同埋例句，每日讀一頁，學多個廣東話。喺二〇二二年起出版，每年都會有唔同題材嘅本地出產嘅廣東話日曆。

漫畫雜誌

源於一九七〇年代香港漫畫喺單行本嘅基礎上發展出漫畫報同漫畫雜誌等嘅連載形式，就同報紙雜誌嘅形式定期出版，當年亦吸納唔不少有志投身漫畫行業嘅後生仔加入。當中嘅上官小寶同黃玉郎帶起香港漫畫嘅功夫熱潮，亦成為之後二十年香港漫畫主流題材嘅黃金時期。

《壽星仔》

主編：上官小強

出版：上官家族、玉郎機構

一九七四年創刊，最初叫《壽星仔》，後來改名叫《壽星仔週刊》、《壽星仔雙週刊》，之後又因為主編自立門戶，又再改名叫《金裝壽星仔》，係一本走搞笑風格嘅綜合漫畫，以壽星仔故事嚟做主打，再加上唔同嘅漫畫主筆所寫嘅專欄、四格漫畫、短篇漫畫等嘅內容。《壽星仔》嘅對白全部都係用廣東話口語寫，經常玩好多粗口諧音，又有好多市井風味嘅用詞，當時喺《壽星仔》連載嘅甘小文漫畫，就以無厘頭嘅風格見稱。

《小強漫畫集》

主編：上官小強

出版：玉郎機構

一九八一年創刊，內頁以黑白印刷為主，亦連載多個新秀嘅單元同短篇，內容經常向當時最新嘅荷里活電影同日本動漫畫致敬，畫風同人物造型就偏向日式風格，再配上廣東話嘅文字描述同對白。

單元主筆包括：上官小强、馬榮成、邱福龍、黃國興、温紹倫、祖兒、狄克、甘小文、阿富汗、劉偉生、陳卓球、少傑、牛佬、永仁、上官博、梁光明、陳繼榮、關東尼等。

玉郎漫画

監製：祁文傑
出版：玉郎集團、文化傳信

一九八四年九月創刊至一九九二年九月停刊嘅香港漫畫，總共出咗二百六十三期，係一本由漫畫報演變出嚟嘅綜合漫畫雜誌。主打港式搞笑漫畫之外，重有一啲明星專訪同娛樂新聞。

《太公報》

製作：甘小文

出版：玉郎集團

一個模仿報紙形式刊載嘅專欄，內容無厘頭兼粗俗，對於粗口文化有比較多嘅創作意念，偏好用動物或生果嚟玩諧音字粗口。通常出現嘅幾件主角有：矇眼堅、四方果、老鼠龍、肥婆四、哨牙珍、黑鬼德等。

PART EIGHT

8

網路潮語文化

網路潮語文化

係指一種喺互聯網上產生嘅獨有文化。總括一切喺網絡上發展，同現實世界成強調獨立嘅行為、風格、方法等嘅混合。網絡世界各個網域嘅虛擬界限入面嘅活動，都有好明顯唔同嘅風格同內容，有唔同嘅網上語言，佢哋出處、取材、用字、組合、用法、意思都有唔同，不過又有同類型嘅溝通、表達個人感受、搞笑，喺文字中加用數字、符號嚟表示象形或會意目的嘅語言效果。

網站

（網頁）

係指喺網際網路（Internet）上，使用HTML等工具製作有一定規則嚟展示特定內容嘅混合網頁，簡單講就好似佈告欄一樣嘅通訊工具。而一啲比較世界性嘅網絡社交平台，例如YouTube、Facebook、Instagram、Twitter（現稱X）、Reddit、Tiktok等，幾乎世上所有一切嘢，包括語言、音樂、飲食、神話、政治、教學、體育、遊戲、電影、卡通、衍生、潮語、虛擬、現實等等等嘅文化，都會係呢啲平台上出現同討論。

《粵文維基百科》Wikipedia

創辦：占美威爾斯、拉里桑格

營運：Zh-yue.wikipedia.org

維基百科喺二〇〇一年一月正式成立，由維基媒體基金會負責維持，係一個多語言嘅百科全書協作計劃，亦係一部用唔同語言寫成嘅百科全書，目標同宗旨係建立同維護共同開放式嘅協同合作專案，係自由內容、自由編輯、自由版權。至二〇二四年維基百科有二百五十三種語言版本，大約有四千七百萬篇文章，而喺二〇〇六年三月成立嘅「粵文維基百科」亦有超過十四萬篇文。根據維基百科二〇二三年嘅報告資料，粵文維基百科嘅讀者，有超過四成喺嚟自香港，近兩成嚟自美國，一成半係嚟自臺灣。

《香港網絡大典》EVCHK

創辦：自膠自足

營運：Evchk.fandom.com

簡稱「網典」，喺二〇〇六年三月建立嘅Wiki類型網絡百科全書，主要收錄同香港網絡文化、政治、現實人物有關嘅內容，亦係香港嘅網絡潮文同潮語出現嘅地方。網站容許志願者編輯詞條內容，而編輯嘅內部規則就比較寬鬆。

《潮語字典》

創辦：Hkdic.my-helper.com

營運：Hkdic.my-helper.com

二〇一〇年開始營運嘅一個廣東話潮語同潮文資料網站。網站容許志願者提供同上載新潮語嘅資料，而上載資料會被視為同意同接受內容嘅所有權利由網站所擁有。

《廣東話資料館》

創辦：Darry Chan

營運：Facebook.com/CantoneseMuseum

二〇一二年四月建立喺Facebook平台上嘅一個專頁，開始時主要係分享同廣東話有關嘅圖片同文章，包括俗語、俚語、成語、諺語、術語、歇後語、歌詞、流行語、潮語等；稍後又得到網友幫助而開始編修同撰寫廣東話嘅資料同文章。到二〇一八得到出版社「亮光文化」嘅支持而開始出版有關香港廣東話同香港文化嘅「通學系列」書籍。

《粵典》

創辦：：擇言（劉擇明）

營運：：Words.hk

二〇一四年創立，係一個香港粵語（廣東話）嘅網上中文粵語詞典，收錄粵語字詞，包括俗語、通用語、潮語等嘅讀音、字義、用法、寫法，同粵語解釋詞條，又提供英文翻譯同埋粵語例句。

討論區（論壇）

又叫討論版、網絡論壇，係一種提供上線討論嘅程式，或者由呢的程式建立嘅網上討論為主嘅網站。可以細分成唔同主題嘅討論區，例如遊戲討論區、動漫討論區、電腦數碼討論區、手機討論區、娛樂討論區等等。喺香港比較出名嘅討論區有：香港討論區、香港高登討論區、連登討論區、夭汪討論區、二千分討論區、親子王國討論區等等。

《高登討論區》HKGolden

創辦：詹博士

營運：Forum.hkgolden.com

簡稱高登，由一九九九年成立，二〇〇〇年開始營運。初頭係深水埗黃金大廈嘅同業建立嘅一個電腦商業資訊網站「香港高登」，又附設幾個主題分類嘅討論區。大約喺二〇〇六年後，高登會員開始惡搞一啲香港知名人士、時事人物嘅相，又間接創造咗一啲網絡術語，逐漸受到部分香港後生一輩嘅傳媒關注。

《親子王國》Baby-Kingdom

創辦：薛嘉龍

營運：Baby-kingdom.com

二〇〇二年喺香港正式成立，專為家長而設提供唔同嘅育兒資訊網上討論區。網站初期人流唔係好多，不過喺二〇〇三年非典型肺炎疫情爆發時候，因為當時唔少父母都唔出街，就上網瀏覽同自己同輩有關嘅資訊網站，因為咁而成功接觸有關網民群，而令瀏覽量大增成為依家嘅規模。

《香港討論區》Discuss

創辦：Discuss.com.hk

營運：Discuss.com.hk

簡稱香討、鄉土，由網匯科技擁有，喺二〇〇三年開始營運。初頭討論區係專門交換或討論聲色犬馬、風花雪月嘅一樓一論壇，之後又加設「馬照跑、波照踢」貼圖區；後嚟討論區發展至涵蓋新聞時事、娛樂、飲食、潮流、各行各業、地產、財經、股票、汽車、戀愛婚姻、電腦手機、運動體育、興趣等等。

《天汪討論區》Uwants

創辦：Dicky Leung

營運：Uwants.com

又有寫U注論壇，二〇〇七年開始營運，係大陸同香港嘅一個網路論壇。Uwants初期係理想討論區一個帶有色情網站爭議嘅聊天室，而創辦人就定性稱為「健康寫真」貼圖區。

《連登討論區》LIHKG

創辦：連尼住、望遠

營運：Lihkg.com

簡稱連登，喺二〇一六年十一月正式開始運作，由前高登會員連尼住同望遠創立。討論區用咗隻豬嚟做連登吉祥物，喺好多文宣物品都有出現過。

《二千分討論區》2000FUN

創辦：雲路

營運：2000fun.com

二〇〇〇年六月建立嘅一個網上遊戲討論區，主要係介紹網絡遊戲。討論區初時只係一個介紹《金庸群俠傳Online》嘅地方，因為網站任務攻略比較詳盡，吸引唔少玩家入嚟探訪，於是就由一個網頁發展成一個可以畀各路玩家嚟到聚腳嘅論壇。

其他討論區（論壇）

《天空討論區》、《新聞組啦討論區》、《迷你討論區》、《JPOP討論區》、《LaLuLaLu討論區》、《公仔箱討論區》、《HKEPC討論區》、《三男二女討論區》、《一世一香港討論區》

書名	廣東話潮語唔止1000年 修訂版 ＋2025最新潮語
作者	廣東話資料館
出版	亮光文化有限公司
編輯	亮光文化編輯部
設計	亮光文化設計部
地址	新界火炭坳背灣街61-63號 盈力工業中心5樓10室
電話	(852) 3621 0077
傳真	(852) 3621 0277
電郵	info@enlightenfish.com.hk
網店	www.signer.com.hk
面書	www.facebook.com/enlightenfish

二零二五年九月初版

ISBN 978-988-8884-70-4
定價 港幣一百八十八元

法律顧問 鄭德燕律師

本書的內容，因經年流傳，部分在網上廣傳多時，作者已盡力釐清版權，惟部分內容可能曾經不同媒體轉載，其來源亦已無從考究，就此作者已自行整理、查考、重寫；倘有錯漏之處，盼望指正及聯絡。

廣東話資料館 cantonese museum